Nimm mich!

Katharina Werth

Nimm mich!

Beruflich durchstarten mit
einer herausragenden Bewerbung

Katharina Werth

IMPRESSUM

© 2018 Katharina Werth
Nimm mich!
Beruflich durchstarten mit einer herausragenden Bewerbung

1. Auflage, 2019
Autorin: Katharina Werth | www.jobweiser.com
Umschlaggestaltung & Illustrationen: Beth Walrond | bethwalrond.com
Lektorat & Korrektorat: Wortspiel Margit Wickhoff | www.wort-spiel.at
Layout: Florian Divi | www.divi.at

Verlag: myMorawa von Morawa Lesezirkel
ISBN: 978-3-99070-102-7
Printed in Austria

Das Werk einschließlich seiner Teile ist urheberrechtlich geschützt. Jede Verwertung ist ohne Zustimmung des Verlages und des Autors unzulässig. Dies gilt insbesondere für die elektronische oder sonstige Vervielfältigung, Übersetzung, Verbreitung und öffentliche Zugänglichmachung.

Inhaltsverzeichnis

Vorwort 10
Die „Marke ICH" –
so positionieren Sie sich am Arbeitsmarkt 13
Erarbeiten Sie Ihre persönlichen Rahmenbedingungen 14
Was wollen Sie verändern? 16
Ihre Ziele 19
Selbstbild – Fremdbild 21
Ihre Kompetenzen 27
Was sind Ihre Schwächen? 32
Ihre Begabungen 35
Zeigen Sie Ihre Begabungen im Bewerbungsprozess 38
Who am I? 40
In 60 Sekunden begeistern –
so überzeugen sie Ihr Gegenüber mit dem Elevator Pitch 46

**Einen Schritt voraus –
kreative Möglichkeiten der Jobsuche** 53
Planen Sie Ihre Jobsuche 56
Ziele und Wünsche für den neuen Job 58
Methoden der Jobsuche – Wo finden Sie die besten Jobs? 62

Social Media 77
Erfolgsfaktor Netzwerk –
Strategische Nutzung sozialer Netzwerke 80

Die schriftliche Bewerbung 89
Komponenten einer schriftlichen Bewerbung 89
Design der Bewerbung 92

Das Deckblatt 97
Das Bewerbungsschreiben 101
Lebenslauf 116
Motivationsschreiben oder „die dritte Seite" 135
Ausbildungszeugnisse und Zertifikate 137
Absenden der Bewerbungsmappe 140
Warten auf Antwort 144

Liste Jobbörsen 148
Index 158
Nachwort 161
Herzlichen Dank 162
Über die Autorin 163

„Nach vielen Jahren ohne Notwendigkeit musste ich mich auf den neuesten Stand bei Bewerbungen bringen. Das gelingt mit diesem Buch, es ist verständlich, informativ und gibt einen guten Einblick, worauf Firmen wirklich achten."

– Reinhard L., 51 Jahre

„Kann das Buch nur jedem empfehlen, der auf Arbeitsuche ist. Tolle Tipps, verständliche Erklärweise und einfache Umsetzung."

– Kurt T., 32 Jahre

„ … besonders die Praxisbeispiele und Vorlagen haben mir geholfen, meine Bewerbung zu verfeinern."

– Christina R., 34 Jahre

„Das Buch gibt einen umfassenden Überblick über die Möglichkeiten, sich zu positionieren, Jobs zu finden und mit seiner Bewerbung ein Unternehmen zu überzeugen."

– Karin D., 43 Jahre

VORWORT

Herzlich willkommen im Club. Sie haben eine Entscheidung getroffen und zu diesem Buch gegriffen. Wahrscheinlich ist es Ihnen so ergangen wie mir, als mich die Autorin Katharina Werth eines Samstags anrief, um mich spontan zu fragen, wie ich den Titel finde. Ich war ohne Umschweife begeistert. „Nimm mich!" sagt alles, bringt's mit Augenzwinkern auf den Punkt.

Die Überschrift ist typisch Katharina Werth. Wo wir einander schon einige Zeit kennen, darf ich das anmerken. Die charmante Steirerin, Jahrgang 1980, ist mit seltener Klarheit gesegnet. Ein Fußballtrainer würde sagen: Die Frau hat Zug zum Tor. Die Klienten, die die diplomierte Erwachsenenbildnerin, Hochschullehrerin und Inhaberin von „Jobweiser" betreut, schätzen das und empfehlen sie seit Jahren weiter. Katharina Werth bringt in einer Stunde mehr in die Gänge als andere Coaches in Wochen. Ihre Effizienz und Mitteilungsfähigkeit macht auch dieses Buch so besonders. Mit jeder Seite wird einem klarer, wie viel an Talent und Leistung man einem Unternehmen anbieten kann. Ganz ehrlich, darum geht's doch: Draufzukommen, dass man das Zeug zur Marke hat, mit der man Begehren wecken und sich souverän verkaufen kann.

Wobei ich beim Lesen des Manuskripts gelernt habe, dass es bei der Bewerbung nicht unbedingt am besten kommt, wenn man sich zu perfekt präsentiert. Das 360-Grad-Feedback ist ein weiterer nützlicher Denkanstoß, genauso die Frage, mit welchem Typ Mensch man gar nicht kann. Das ist unbequem, doch die Klarheit darüber erspart viele frustrierende Lebenskilometer.

Wenn Sie die folgenden 150 Seiten durcharbeiten, werden Sie sich möglicherweise an mein Bild von Katharina Werth erinnern. Locker, unterhaltsam, klar, hochkompetent und hilfreich, das ist auch „Nimm mich!" Der Ratgeber fasst das Konzept zusammen, in dem sie ihre Klientel Tag für Tag erfolgreich macht.

Die Tochter eines leidenschaftlichen Anglers hat in die Wiege gelegt bekommen, dass der Köder dem Fisch zu schmecken hat und nicht dem Fischer. Der Trick also ist, dass Ihre Bewerbung den Personalentscheider begeistert, nicht (nur) Sie. Die Autorin verliert dieses Ziel keinen Satz lang aus dem Auge. So wird „Nimm mich!" bald das neue Standardwerk für Bewerber sein!

Bewerben heißt, um sich werben. Nach den vier Kapiteln ist man schlicht schlauer. Die Bewerbung Ihres Lebens kann kommen. Treffen Sie Ihre Entscheidung – Glück auf!

Dr. Michael Johannes Mayr
Journalist und Speaker
menschmayr.at

DIE „MARKE ICH"

DIE „MARKE ICH" – SO POSITIONIEREN SIE SICH AM ARBEITSMARKT

„Früher war alles besser": Warum ist es so schwer, heutzutage einen Job zu finden?

Diesen Satz kennen Sie bestimmt. Früher war jedoch nicht zwingend alles besser, sondern schlichtweg anders. Gerade am Arbeitsmarkt hat sich viel getan. Wir hören in den Medien oft den Begriff Wirtschaftswachstum, trotzdem wurde über die Jahre der Prozentsatz der arbeitsuchenden Personen nicht kleiner. Das liegt unter anderem an den Qualifikationen und Professionen, die sich im Laufe der Zeit veränderten. Vieles ist heutzutage automatisiert. Der Einsatz von Software und Maschinen ließ manche Jobs verschwinden, jedoch auch neue Jobs entstehen. Es ist für viele Arbeitsuchende schwirig, die neuen Bedürfnisse der Unternehmen zu erkennen und den neuen Anforderungen gerecht zu werden.

Was sind somit Voraussetzungen, um auf diesem schwierigen Arbeitsmarkt zu bestehen?

Meist wurde uns schon von Kindheit an gesagt, dass folgende Gegebenheiten eine Garantie für einen sicheren Job bieten:

- » Abgeschlossene (Schul-)Ausbildung
- » Kernkompetenz, Spezialisierung auf ein Gebiet/eine Branche
- » Sprachkenntnisse – mindestens eine Fremdsprache
- » Führungsstärke aber auch Teamfähigkeit
- » Pünktlichkeit
- » Konzentration auf eine starke Branche bzw. einen stark wachsenden Wirtschaftsbereich
- » „Do your Job" – in einem Job gelten die Regeln des Arbeitgebers, daran sollte man sich halten.

Im Allgemeinen treffen diese Eigenschaften heute auf eine Vielzahl von Kandidaten zu, die sich für ein und denselben Job bewerben. Doch bringen ihnen diese Qualitäten, festgehalten in schriftlicher Form, wirklich die Sicherheit, einen Job zu erhalten? Leider nein.

Nicht nur, dass die Konkurrenz am Arbeitsmarkt groß ist, manche Personen schaffen es einfach, in ihren Bewerbungsunterlagen so von sich zu überzeugen, dass sie mit Leichtigkeit Jobs finden. Dabei machen diese oft nichts anders als Sie, bemühen sich eventuell sogar weniger und sind weniger gut ausgebildet.

Das Geheimnis dieser Personen liegt darin, dass sie an der „Marke ICH" gearbeitet haben. Das bedeutet, dass sie genau wissen, was sie wollen, wissen worin sie gut sind und das auch exzellent verkaufen können. Diese Personen verstehen es auch, ihre Kernkompetenzen schriftlich zu kommunizieren. Dadurch ergeben sich mehr Chancen auf Vorstellungsgespräche und somit eine höhere Erfolgsquote bei der Jobsuche.

ERARBEITEN SIE IHRE PERSÖNLICHEN RAHMENBEDINGUNGEN

Die eigentliche Herausforderung im gesamten Bewerbungsprozess liegt bereits vor dem tatsächlichen Verfassen einer Bewerbung. Sie müssen Ihre Ausgangssituation kennen, Ihre Kernkompetenzen in der Sprache Ihres Gegenübers definieren. Akzeptieren Sie, dass Sie sich in einer Phase der Veränderung befinden – und Veränderung bedeutet immer, Chancen wahrzunehmen und zu ergreifen.

> » *Wo stehen Sie zum aktuellen Zeitpunkt?*
> » *Haben Sie einen Job, wollen oder müssen sich jedoch verändern?*
> » *Haben Sie keinen Job, räumten freiwillig oder unfreiwillig Ihren Arbeitsplatz?*
> » *Haben Sie Ihre Ausbildung abgeschlossen und suchen nach Ihrem ersten passenden Job?*

Wenn auch die emotionale Stimmung in diesen drei Ausgangssituationen unterschiedlich ist (Unzufriedenheit, Enttäuschung, Freude etc.), steht doch immer die Veränderung im Vordergrund. Doch Veränderung kann für viele Menschen angsteinflößend sein.

> Ich habe Menschen, die unglücklich über ihre derzeitige Arbeitssituation wirken, die Frage gestellt, warum sie sich denn nicht einfach etwas Neues suchen. Die Antworten sind immer dieselben:
>
> *„Ich kann es mir einfach nicht leisten, arbeitslos zu sein."*
>
> *„Ich habe keine Zeit für neue Bewerbungen, ich kann nicht mal früher aus der Firma gehen, um zu einem Bewerbungsgespräch zu kommen."*
>
> *„Was werden meine Freunde und meine Familie dazu sagen?"*
>
> *„Ich mag meinen Job grundsätzlich, es ist nur gerade jetzt angespannt..."*
>
> *„Jetzt noch mal etwas Neues wagen, nein..."*
>
> *„Wozu die ganze Anstrengung? Und was tun, wenn es schief läuft?"*

Der Mensch ist ein Gewohnheitstier, dem das Unbekannte meist Angst macht. Das Gegebene, sei es auch noch so unbefriedigend, ist vermeintlich gut, weil man es gewohnt ist. Rational gesehen ist dieser Ansatz unsinnig, aber dieses Denken ist eben eine uralte, instinktgesteuerte Schutzhaltung. Das wissen natürlich auch Personalmanager.

In vielen Unternehmen konzentriert man sich im Mitarbeitermarketing daher auch auf die sogenannten „Corporate Prisoners" (deutsch: „Gefangene im eigenen Unternehmen"). Das sind jene Personen, die in ihrem Job unglücklich sind, diesen jedoch aus verschiedenen Gründen erdulden. Durch diverse Maßnahmen wird versucht, Mitarbeiter wieder zu motivieren, deren Freude an der Arbeit zu wecken und die Unternehmensloyalität zu steigern.

WAS WOLLEN SIE VERÄNDERN?

Sie haben bereits den ersten Schritt getan, um etwas in Ihrem Leben zu verändern. Sie informieren sich über den Arbeitsmarkt und suchen Wege, um das Beste aus Ihrem (Arbeits-) Leben zu machen. Dabei macht es keinen Unterschied, ob Sie motiviert oder bereits frustriert sind, ob Sie freiwillig oder unfreiwillig einen neuen Job suchen. Das Ziel ist immer eine positive Veränderung zu schaffen.

Bevor Sie Ihre erste Bewerbung an ein Unternehmen senden, sollten Sie bereits wissen, wohin Ihr Berufsweg Sie führen soll.

» *Was benötigen Sie, um Ihre Work-Life-Balance zu finden und damit sowohl im Job als auch in Ihrem Privatleben glücklich und zufrieden zu sein?*

» *Wo wollen Sie Ihre Fähigkeiten einsetzen?*

» *Was machen Sie am liebsten?*

» *Wo finden Sie entsprechende Angebote, die Ihren Qualifikationen entsprechen?*

» *Welche allgemeinen Rahmenbedingungen (z. B. Arbeitszeiten, Büroumgebung, Dienstort etc.) sind Ihnen wichtig?*

Vielleicht haben Sie sich darüber bereits Gedanken gemacht, und nun ist es Zeit die Wünsche in Ihrer Jobsuche zu verfolgen und umzusetzen. Sehen Sie sich also die Fragen genauer an und versuchen Sie, diese mit den angegebenen Gedankenstützen zu beantworten:

Mein neuer Beruf sollte im Vergleich zu meinem alten Beruf …

- ☐ … mehr/weniger anregende und abwechslungsreiche Aufgaben beinhalten.
- ☐ … bessere Weiterentwicklungsmöglichkeiten und Aufstiegschancen bieten.
- ☐ … für mich sinnvollere Tätigkeiten beinhalten.
- ☐ … ein besseres Arbeitsklima mit sich bringen.
- ☐ … Tätigkeiten enthalten, die wertgeschätzt werden.
- ☐ … mehr/weniger Verantwortung mit sich bringen.
- ☐ … ein positiveres Verhältnis zu Kolleginnen bzw. Kollegen und Vorgesetzten ermöglichen.
- ☐ … mehr Sicherheit für die Zukunft bieten.
- ☐ … sich in meiner Region befinden.
- ☐ … höhere Jobchancen nach der Ausbildung garantieren.
- ☐ … stabilere Arbeitsbedingungen innerhalb des Unternehmens mit sich bringen.
- ☐ … mehr Freizeit garantieren.
- ☐ … die Anzahl an Überstunden stark reduzieren.
- ☐ … an meine Bedürfnisse angepasste Arbeitszeiten zur Folge haben.
- ☐ … höheres gesellschaftliches Ansehen genießen.
- ☐ … ein höheres Gehalt/Einkommen zur Folge haben.
- ☐ … mehr/weniger Beschäftigung mit neuen technischen Entwicklungen ermöglichen.
- ☐ … weniger von Stress geprägt sein.

Das Hobby zum Beruf machen?

Schon Konfuzius sagte: „Wähle einen Beruf, den du liebst, und du brauchst keinen Tag in deinem Leben mehr zu arbeiten."

Schreiben Sie hier Tätigkeiten auf, die Sie im Job oder in Ihrer Freizeit gerne machen. Meist lässt sich aufgrund von Freizeitaktivitäten auf gewisse Persönlichkeitsmerkmale schließen und Sie erkennen, in welche Richtung Ihre künftige Tätigkeit gehen könnte und worauf Sie bei der Jobsuche Wert legen sollen.

Das sind meine Hobbies und bevorzugten Freizeitaktivitäten:

_____

_____

Diese Tätigkeiten liegen mir und sie mache ich in meinem Job gerne:

_____

_____

Meine Hobbies lassen auf folgende persönlichen Eigenschaften schließen:

_____

_____

(Sehen Sie als Unterstützung in den Abschnitt „Ihre Kompetenzen")

Meine favorisierten Tätigkeiten bei der Arbeit lassen auf folgende persönlichen Eigenschaften schließen:

_____

_____

(Sehen Sie als Unterstützung in den Abschnitt „Ihre Kompetenzen")

IHRE ZIELE

Was wollen Sie erreichen? Oft ist es gerade diese Frage, die vielen Menschen in Bewerbungsgesprächen Kopfzerbrechen bereitet.

Es ist wichtig, sich mit der Frage der persönlichen Zielvorstellungen zu beschäftigen. Hierzu ist es im ersten Schritt notwendig, sich mit den Meilensteinen in Ihrem Leben sowie auch den Dingen zu befassen, die Sie (nicht) gut können, um danach Zielformulierenugen abzuleiten.

Um Ziele abzuleiten, sehen Sie sich Ihre Antworten noch einmal genauer an. Ein Ziel sollte SMART formuliert sein. SMART ist eine Abkürzung und steht für folgende Eigenschaften:

- » **Spezifisch** (ein konkreter Sachverhalt)
- » **Messbar** (Überprüfung auf Erfolg oder Misserfolg)
- » **Angemessen** (den eigenen Fähigkeiten entsprechend)
- » **Reell** (realistisch durchführbar)
- » **Terminiert** (mit einer zeitlichen Komponente versehen)

So können konkret formulierte Ziele wie folgt aussehen:

- » Erlernen der Sprache Spanisch auf Kommunikationsniveau in drei Monaten.
- » Mit meinem Partner jeden Dienstag über unsere gemeinsamen Tätigkeiten sprechen.

> George T. Doran veröffentlichte 1981 einen Artikel mit dem Titel: „*There's a S.M.A.R.T. way to write management's goals and objectives*" und begründete somit dieses Modell. Doran stellte fest, dass diese methodische Vorgehensweise Ziele zu definieren den Mitarbeitern half, Handlungen abzuleiten und dadurch ihre Erfolgschancen zu verbessern.

Folgende Fragen unterstützen Sie dabei, Ziele zu erkennen und diese zu formulieren:

- » *Was haben Sie bisher in Ihrem Leben beruflich und privat erreicht?*
- » *Was haben Sie trotz guter Vorsätze noch nicht erreicht? Aus welchen Gründen?*
- » *Wie entsteht bei Ihnen Zufriedenheit?*
- » *Wie entsteht bei Ihnen Unzufriedenheit?*
- » *Was missfällt Ihnen an Ihrer jetzigen/ehemaligen beruflichen Situation?*
- » *Fühl(t)en Sie sich eher unterfordert oder überfordert?*
- » *Welche beruflichen Aufgaben können Sie besonders gut bewältigen und welche machen Ihnen Spaß?*
- » *Welche beruflichen Aufgaben missfallen Ihnen besonders?*
- » *Sind/waren Sie mit den Leistungen (Bezahlung, Sonderleistungen) Ihres Arbeitgebers zufrieden? Was wollen Sie ändern/beibehalten?*
- » *Was schätzen Kollegen und Freunde besonders an Ihnen? Was nicht?*
- » *Hat Ihr angestrebter Beruf Einfluss auf Ihr Privatleben oder umgekehrt?*
- » *Was missfällt Ihnen an Ihrer derzeitigen privaten Situation?*

Erstellen Sie nun für jedes Ziel einen Plan, wie Sie es umsetzen wollen und können.

Jedes Ziel beinhaltet Teil- und Zwischenziele. So enthält der „Umzug nach Wien" zum Beispiel die Online-Suche nach einer passenden Wohnung, Kontaktieren der Vermieter, Wohnungsbesichtigungen vor Ort, parallel dazu die Suche nach einem Job etc. Wenn Sie die großen Ziele aufgliedern, haben Sie immer vor Augen, wie weit Sie in Ihrem Vorhaben vorangeschritten sind.

Eigene Zielsetzungen sind wichtig, um den roten Faden im Leben nicht zu verlieren. Zeit vergeht sehr schnell, und wenn in gewissen Dingen keine Notwendigkeit der akuten Umsetzung besteht, können diese leicht unter den Tisch fallen.

SELBSTBILD – FREMDBILD

Das „360-Grad-Feedback", eine Methode, die sich auch im privaten Bereich gut anwenden lässt, ist eine klassische Evaluationsmethode im Personalmanagement. Das 360-Grad-Feedback zeigt Entwicklungspotenziale und Stärken von Mitarbeitern in einem Unternehmen auf. Meist wird dieses Modell im Rahmen der Personalentwicklung bei Führungskräften angewandt. So erkennt man durch unterschiedliche Perspektiven, welche besonderen Fähigkeiten ein Mitarbeiter aufweist, ob jemand über- oder unterqualifiziert ist, woran ein Mitarbeiter noch arbeiten kann etc. Die größere Objektivität dieser Methode kommt dadurch zustande, dass sich eine Person selbst bewertet (Selbstbild) und gleichzeitig aus verschiedenen Perspektiven beobachtet und eingeschätzt wird (Fremdbild).

So können im Geschäftsumfeld folgende Personengruppen befragt werden:

- » Vorgesetzte
- » Angestellte, Mitarbeiter aus der eigenen Gruppe/dem eigenen Projekt
- » Kunden

- » Lieferanten
- » Kolleginnen und Kollegen, mit denen man in der Regel nicht direkt zusammenarbeitet

Im privaten Bereich können befragte Personen z. B. Freunde, Bekannte, Verwandte, der Lebenspartner bzw. die Lebenspartnerin, sowie (ehemalige) Arbeits- und Studienkollegen sein.

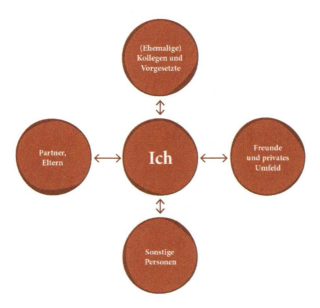

Die ausgewählten Zielgruppen beantworten verschiedene Fragen über die Person. Diese Antworten sollen persönliche Eigenschaften und Kompetenzen widerspiegeln.

Für Ihr persönliches 360-Grad-Feedback können Sie aus relevanten Jobinseraten passende Fragen ableiten, individuell im Internet in Suchmaschinen recherchieren oder einfach den folgenden Kurztest-Fragebogen ausfüllen lassen.

Bevor Sie die Ergebnisse der Befragten erhalten (Fremdeinschätzung), sollten Sie selbst jede Frage beantworten und sich somit selbsteinschätzen. Vergleichen Sie danach Selbst- und Fremdeinschätzung.

Die eigenen Fähigkeiten werden von uns oft über- oder unterschätzt. Daher ist es in der folgenden Aufgabe von Vorteil, einen Menschen um Hilfe zu bitten, der Sie gut kennt (z. B. Partner*in, Freund*in, Familienmitglied etc.).

Seien Sie dankbar für Feedback, auch wenn Sie sich im ersten Moment vor den Kopf gestoßen fühlen. Feedback ist immer eine Chance der persönlichen Weiterentwicklung. Außerdem passiert es in der Regel nicht oft, dass einem ehrlich die Meinung gesagt wird.

Ziel der Übung ist es, Ihnen ein Bewusstsein für Ihre Charakterzüge zu geben. Durch das Feedback einer zweiten Person erhalten Sie zudem die Chance über Ihre Stärken und Schwächen in einem informellen Umfeld zu sprechen und verbessern somit Ihre Kommunikationsfähigkeiten.

Füllen Sie selbst einen Fragebogen aus und bewerten Sie, welche Eigenschaften auf Sie in welchem Ausmaß (nicht) zutreffen.

Bitten Sie auch parallel dazu einen vertrauten Menschen einen weiteren Fragebogen auszufüllen und Ihre Persönlichkeitsmerkmale einzuschätzen.

- ☐ 1 ... sehr zutreffend
- ☐ 2 ... zutreffend
- ☐ 3 ... eher nicht zutreffend
- ☐ 4 ... nicht zutreffend
- ☐ 5 ... weiß ich nicht

Kompetenz	Ausprägung Selbstbild	Ausprägung Fremdbild
Flexibel	☐1 ☐2 ☐3 ☐4 ☐5	☐1 ☐2 ☐3 ☐4 ☐5
Aktiv	☐1 ☐2 ☐3 ☐4 ☐5	☐1 ☐2 ☐3 ☐4 ☐5
Passiv	☐1 ☐2 ☐3 ☐4 ☐5	☐1 ☐2 ☐3 ☐4 ☐5
Introvertiert	☐1 ☐2 ☐3 ☐4 ☐5	☐1 ☐2 ☐3 ☐4 ☐5
Extrovertiert	☐1 ☐2 ☐3 ☐4 ☐5	☐1 ☐2 ☐3 ☐4 ☐5
Wählerisch	☐1 ☐2 ☐3 ☐4 ☐5	☐1 ☐2 ☐3 ☐4 ☐5
Praktisch denkend	☐1 ☐2 ☐3 ☐4 ☐5	☐1 ☐2 ☐3 ☐4 ☐5
Beherrscht	☐1 ☐2 ☐3 ☐4 ☐5	☐1 ☐2 ☐3 ☐4 ☐5
Risikobereit	☐1 ☐2 ☐3 ☐4 ☐5	☐1 ☐2 ☐3 ☐4 ☐5
Entscheidungsfreudig	☐1 ☐2 ☐3 ☐4 ☐5	☐1 ☐2 ☐3 ☐4 ☐5
Spontan	☐1 ☐2 ☐3 ☐4 ☐5	☐1 ☐2 ☐3 ☐4 ☐5
Selbständig	☐1 ☐2 ☐3 ☐4 ☐5	☐1 ☐2 ☐3 ☐4 ☐5
Liebenswert	☐1 ☐2 ☐3 ☐4 ☐5	☐1 ☐2 ☐3 ☐4 ☐5
Gefühlsorientiert	☐1 ☐2 ☐3 ☐4 ☐5	☐1 ☐2 ☐3 ☐4 ☐5
Furchtsam	☐1 ☐2 ☐3 ☐4 ☐5	☐1 ☐2 ☐3 ☐4 ☐5
Sachorientiert	☐1 ☐2 ☐3 ☐4 ☐5	☐1 ☐2 ☐3 ☐4 ☐5
Höflich	☐1 ☐2 ☐3 ☐4 ☐5	☐1 ☐2 ☐3 ☐4 ☐5
Autoritär	☐1 ☐2 ☐3 ☐4 ☐5	☐1 ☐2 ☐3 ☐4 ☐5
Pflichtbewusst	☐1 ☐2 ☐3 ☐4 ☐5	☐1 ☐2 ☐3 ☐4 ☐5
Verantwortungsvoll	☐1 ☐2 ☐3 ☐4 ☐5	☐1 ☐2 ☐3 ☐4 ☐5
Freundlich	☐1 ☐2 ☐3 ☐4 ☐5	☐1 ☐2 ☐3 ☐4 ☐5
Zuverlässig	☐1 ☐2 ☐3 ☐4 ☐5	☐1 ☐2 ☐3 ☐4 ☐5
Nervös	☐1 ☐2 ☐3 ☐4 ☐5	☐1 ☐2 ☐3 ☐4 ☐5
Glücklich	☐1 ☐2 ☐3 ☐4 ☐5	☐1 ☐2 ☐3 ☐4 ☐5

Eigenschaft	Ausprägung Selbstbild	Ausprägung Fremdbild
Rechthaberisch	☐1 ☐2 ☐3 ☐4 ☐5	☐1 ☐2 ☐3 ☐4 ☐5
Ordnungsliebend	☐1 ☐2 ☐3 ☐4 ☐5	☐1 ☐2 ☐3 ☐4 ☐5
Loyal	☐1 ☐2 ☐3 ☐4 ☐5	☐1 ☐2 ☐3 ☐4 ☐5
Ehrlich	☐1 ☐2 ☐3 ☐4 ☐5	☐1 ☐2 ☐3 ☐4 ☐5
Empathisch	☐1 ☐2 ☐3 ☐4 ☐5	☐1 ☐2 ☐3 ☐4 ☐5
Schwermütig	☐1 ☐2 ☐3 ☐4 ☐5	☐1 ☐2 ☐3 ☐4 ☐5
Begeisterungsfähig	☐1 ☐2 ☐3 ☐4 ☐5	☐1 ☐2 ☐3 ☐4 ☐5
Selbstsicher	☐1 ☐2 ☐3 ☐4 ☐5	☐1 ☐2 ☐3 ☐4 ☐5
Offen	☐1 ☐2 ☐3 ☐4 ☐5	☐1 ☐2 ☐3 ☐4 ☐5
Willensstark	☐1 ☐2 ☐3 ☐4 ☐5	☐1 ☐2 ☐3 ☐4 ☐5
Teamfähig	☐1 ☐2 ☐3 ☐4 ☐5	☐1 ☐2 ☐3 ☐4 ☐5
Gerecht	☐1 ☐2 ☐3 ☐4 ☐5	☐1 ☐2 ☐3 ☐4 ☐5
Verlässlich	☐1 ☐2 ☐3 ☐4 ☐5	☐1 ☐2 ☐3 ☐4 ☐5
Wankelmütig	☐1 ☐2 ☐3 ☐4 ☐5	☐1 ☐2 ☐3 ☐4 ☐5
Lernbereit	☐1 ☐2 ☐3 ☐4 ☐5	☐1 ☐2 ☐3 ☐4 ☐5
Vertrauensvoll	☐1 ☐2 ☐3 ☐4 ☐5	☐1 ☐2 ☐3 ☐4 ☐5
Vorsichtig	☐1 ☐2 ☐3 ☐4 ☐5	☐1 ☐2 ☐3 ☐4 ☐5
Leistungsorientiert	☐1 ☐2 ☐3 ☐4 ☐5	☐1 ☐2 ☐3 ☐4 ☐5
Sympathisch	☐1 ☐2 ☐3 ☐4 ☐5	☐1 ☐2 ☐3 ☐4 ☐5
Lernfähig	☐1 ☐2 ☐3 ☐4 ☐5	☐1 ☐2 ☐3 ☐4 ☐5
Sorgfältig	☐1 ☐2 ☐3 ☐4 ☐5	☐1 ☐2 ☐3 ☐4 ☐5
Aufgeschlossen	☐1 ☐2 ☐3 ☐4 ☐5	☐1 ☐2 ☐3 ☐4 ☐5
Belastbar	☐1 ☐2 ☐3 ☐4 ☐5	☐1 ☐2 ☐3 ☐4 ☐5
Ausdauernd	☐1 ☐2 ☐3 ☐4 ☐5	☐1 ☐2 ☐3 ☐4 ☐5
Zufrieden	☐1 ☐2 ☐3 ☐4 ☐5	☐1 ☐2 ☐3 ☐4 ☐5
Aggressiv	☐1 ☐2 ☐3 ☐4 ☐5	☐1 ☐2 ☐3 ☐4 ☐5
Dominant	☐1 ☐2 ☐3 ☐4 ☐5	☐1 ☐2 ☐3 ☐4 ☐5
Zielstrebig	☐1 ☐2 ☐3 ☐4 ☐5	☐1 ☐2 ☐3 ☐4 ☐5
Geduldig	☐1 ☐2 ☐3 ☐4 ☐5	☐1 ☐2 ☐3 ☐4 ☐5
Zweifelnd	☐1 ☐2 ☐3 ☐4 ☐5	☐1 ☐2 ☐3 ☐4 ☐5

Eigenschaft	Ausprägung Selbstbild	Ausprägung Fremdbild
Gehemmt	☐1 ☐2 ☐3 ☐4 ☐5	☐1 ☐2 ☐3 ☐4 ☐5
Vital	☐1 ☐2 ☐3 ☐4 ☐5	☐1 ☐2 ☐3 ☐4 ☐5
Anspruchsvoll	☐1 ☐2 ☐3 ☐4 ☐5	☐1 ☐2 ☐3 ☐4 ☐5
Vernünftig	☐1 ☐2 ☐3 ☐4 ☐5	☐1 ☐2 ☐3 ☐4 ☐5
Ausgeglichen	☐1 ☐2 ☐3 ☐4 ☐5	☐1 ☐2 ☐3 ☐4 ☐5
Kritikfähig	☐1 ☐2 ☐3 ☐4 ☐5	☐1 ☐2 ☐3 ☐4 ☐5
Kompromissbereit	☐1 ☐2 ☐3 ☐4 ☐5	☐1 ☐2 ☐3 ☐4 ☐5
Nachdenklich	☐1 ☐2 ☐3 ☐4 ☐5	☐1 ☐2 ☐3 ☐4 ☐5
Kooperativ	☐1 ☐2 ☐3 ☐4 ☐5	☐1 ☐2 ☐3 ☐4 ☐5
Schlagfertig	☐1 ☐2 ☐3 ☐4 ☐5	☐1 ☐2 ☐3 ☐4 ☐5
Erfinderisch	☐1 ☐2 ☐3 ☐4 ☐5	☐1 ☐2 ☐3 ☐4 ☐5
Selbstbewusst	☐1 ☐2 ☐3 ☐4 ☐5	☐1 ☐2 ☐3 ☐4 ☐5
Kreativ	☐1 ☐2 ☐3 ☐4 ☐5	☐1 ☐2 ☐3 ☐4 ☐5
Gründlich	☐1 ☐2 ☐3 ☐4 ☐5	☐1 ☐2 ☐3 ☐4 ☐5
Beliebt	☐1 ☐2 ☐3 ☐4 ☐5	☐1 ☐2 ☐3 ☐4 ☐5

Sehen Sie sich nun die Eigenschaften an, die eine hohe Ausprägung erhalten haben (1 oder 4) und notieren Sie sich diese.

Im nächsten Schritt sollten Sie sich fragen, welche Eigenschaften für Ihren nächsten Arbeitsplatz, für den Sie sich bewerben, wichtig sind. Wonach suchen Firmenchefs bei Mitarbeitern und wonach wird in Ihrem angestrebten, künftigen Job gesucht?

Lesen Sie die Liste erneut durch und streichen Sie die wesentlichen Eigenschaften an.

Vergleichen Sie nun Selbstbild, Fremdbild und die Anforderungen des neuen Arbeitgebers. Das gibt Ihnen Hinweise, welche positiven Eigenschaften Sie in Ihrer Bewerbung betonen sollten.

IHRE KOMPETENZEN

Kompetenzen oder auch „Soft Skills" sind persönliche Eigenschaften, die für das positive Ausführen Ihres Jobs relevant sind. Hinlänglich sind diese Begriffe auch unter „Stärken" zusammengefasst. Sie können hier zwischen methodischen, fachlichen sowie persönlichen und sozialen Kompetenzen unterscheiden.

Methodische Kompetenzen unterstreichen die Hilfsmittel, mit denen Sie Ihren Job gut erledigen können. Beispiele hierfür sind Skills in Projekt- und Prozessmanagement sowie Change Management, Präsentationsfähigkeit, rhetorische Fähigkeiten, interkulturelle Kompetenz etc.

Fachliche Kompetenzen beziehen sich einerseits auf Ihre tatsächlichen fachlichen Fähigkeiten, z. B. Wissen in bestimmten Fachgebieten und andererseits auf Ihre Arbeitsweise, z. B. Führungskompetenz und Innovationsfähigkeit.

Persönliche oder soziale Kompetenzen sind Ihre persönlichen Eigenschaften, die Sie auch außerhalb des Jobs aufweisen. Soziale Kompetenzen betreffen hierbei die Interaktion mit anderen Menschen, persönliche Kompetenzen beschreiben Ihre allgemeinen Persönlichkeitsmerkmale. So sind z. B. Einfühlungsvermögen und Teamfähigkeit soziale Eigenschaften, Problemlösungskompetenz und Zielorientierung persönliche Kompetenzen.

Da persönliche, soziale und auch fachliche Kompetenzen oft ineinandergreifen, ist es in einer schriftlichen Bewerbung ratsam, diese Kategorien in einen Abschnitt zusammenzufassen. Methodische Kompetenzen können zusätzlich angeführt werden.

Bei der Bewerbung hilft es, die Kompetenzen, die Sie mitbringen mit Beispielen zu untermauern. So können Sie statt der reinen Aufzählung erzählen, wann Sie die Skills eingesetzt haben:

„Bei meinem ehemaligen Arbeitgeber setzte ich ein Projekt zum Thema Kundenbindung um. Dabei war ich für die Initiierung, Durchführung und Projektnachbetreuung verantwortlich. Die eigenständige Arbeit als Projektleiter und die Koordinationstätigkeiten machten mir Spaß, da ich gerne organisiere und dabei immer die Faktoren Qualität, Zeit und Kosten im Auge behalte. Den größten Erfolg hatte ich nicht nur mit dem positiven Projektabschluss (Steigerung der Kundenzufriedenheit um 14 %) sondern auch in der aktiven Zusammenarbeit mit dem Projektteam."

In diesem Beispiel werden die Kompetenzen **Kundenorientierung, eigenständiges Arbeiten, Organisationstalent, Zeitmanagement, Kosten- und Qualitätsbewusstsein, Zielorientierung, Durchsetzungsvermögen, Teamfähigkeit** und als methodische Kompetenz **Projektmanagement** umschrieben.

Die folgende Liste persönlicher Eigenschaften und Skills hilft Ihnen, Ihre Eigenschaften für sich zu definieren und in einer Bewerbung auf den Punkt zu bringen. Denken Sie jedoch daran, diese Kompetenzen gegebenenfalls gut zu verpacken:

Persönliche/soziale/fachliche Kompetenzen	
Analytisches Denken	Einsatzbereitschaft
Anpassungsfähigkeit	Engagement
Arbeitseffizienz	Entscheidungs-, Umsetzungsfähigkeit
Arbeitsmotivation, -wille, -fähigkeit („Dinge anpacken")	Entscheidungsfreude
Auffassungsgabe	Entscheidungsstärke
Aufgeschlossenheit	Erfolgsorientierung
Auftreten	Ergebnisorientierung
Ausdauer, Beharrlichkeit	Fachwissen
Auslandserfahrung	Fähigkeit zum Vernetzen
Autonomie	Feedback geben und annehmen
Begeisterungsfähigkeit	Flexibilität
Belastbarkeit	Frustrationstoleranz
Beratungs- und Coachingkompetenz	Führungsstärke
Bereitschaft Verantwortung zu übernehmen	Geduld
Beziehungsfähigkeit	Gender-, Diversitykompetenz
Delegationsbereitschaft und -fähigkeit	Gestaltungswille
Detailorientierung	Glaubwürdigkeit/Authentizität
Diplomatie	Identifikation
Durchhaltevermögen	Initiative
Durchsetzungsvermögen	Integrationsbereitschaft
Effiziente Arbeitsorganisation	Interkulturelle Kompetenz
Ehrgeiz	Kombinatorisches Denken
Eigeninitiative	Kommunikative Stärke
Eigenständiges Arbeiten	Kompromissbereitschaft
Eigenverantwortung	Konfliktfähigkeit
Einfühlungsvermögen, Empathie, Sensitivität	Konstruktiver Umgang mit Widersprüchen

Persönliche/soziale/fachliche Kompetenzen	
Kreativität	Sensibilität
Kritik- und Konfliktfähigkeit	Sicherheitsbewusstsein
Kundenorientierung	Soziale Kompetenz
Lebensfreude	Stressresistenz
Leistungsbereitschaft	Systematische Arbeitsorganisation
Lern- und Veränderungsbereitschaft	Tatkraft
Loyalität mit dem Unternehmen	Teamfähigkeit
Markt- und Kundenorientierung	Teamorientierung, Toleranz
Menschenkenntnis	Überzeugungsfähigkeit
Motivation	Überzeugungskraft
Multikulturelle Sensibilität	Überzeugungspotenzial
Neugierde	Umgangsstil
Organisationsfähigkeit	Umsetzungsfähigkeit
Pflichtbewusstsein	Unabhängigkeit
Präsentationsfähigkeit	Unerschrockenheit
Problemlösungsfähigkeit	Urteilsvermögen
Risikobereitschaft	Veränderungsfähigkeit
Selbständigkeit	Verantwortungsbereitschaft
Selbstbeherrschung	Verantwortungsbewusstsein
Selbstbewusstsein	Verhandlungsgeschick
Selbstdisziplin	Vernetztes Denken (und Handeln)
Selbstkontrollfähigkeit	Visionäres Denken
Selbstkritik	Vitalität
Selbstmanagement	Wahrnehmungsvermögen
Selbstreflexionsfähigkeit	Weitblick
Selbstsicherheit, Selbstvertrauen	Zieldefinitionsfähigkeit
Kontaktfähigkeit	Zielstrebigkeit
Kooperationsfähigkeit	Zuhören können

Methodische Kompetenzen	
Agiles Management	Präsentationstechniken
Analytische Fähigkeiten	Problemlösungskompetenz
Berichte schreiben	Projektmanagement
Change Management	Protokollieren
Feedbackmethoden	Prozessmanagement
Freie Rede	Rhetorik
Gesprächs- und Kooperationstechniken	Schriftliches und mündliches Ausdrucksvermögen
Gesprächsleitung	Sprechen vor Menschen
Innovationsmanagement	Stressresistenz
Interkulturelle Kompetenz	Strukturierte und zielorientierte Arbeitsweise
Konfliktmanagement	Umgang mit Neuen Medien
Konzeptionelles Planen	Unternehmerisches Denken und Handeln
Lern- und Arbeitstechniken	Unterrichtsmethoden
Lesetechnik	Verhandlungsfähigkeit, -geschick, -stärke
Mediation	Visualisieren
Moderation	Wissensmanagement
Organisation	Zeitmanagement

WAS SIND IHRE SCHWÄCHEN?

Recruiter haben die Aufgabe, die Qualifikationen der Kandidaten mit den Anforderungen an den Stelleninhaber eines neuen Jobs abzugleichen. Daher müssen sie auch definieren können, ob ein Kandidat die richtigen Persönlichkeitsmerkmale, Kompetenzen, Soft Skills bzw. Stärken für einen Job mitbringt. So wird in Vorstellungsgesprächen oft die Frage nach den „Stärken und Schwächen" der Kandidaten gestellt.

> Wie Sie Ihre Stärken definieren und kommunizieren können, finden Sie in dem Kapitel **„Ihre Kompetenzen"** und bei der Übung **„Who am I"**.

Die eigenen Schwächen zu kommunizieren ist oft schwierig. Was kann und soll man sagen, was sind Antworten, die Unternehmen hören – und vor allem NICHT hören wollen?

Folgende Richtlinien helfen Ihnen bei der Vorbereitung auf die Frage nach Ihren Schwächen oder „Entwicklungsfeldern":

- » Im Vorstellungsgespräch interessieren nur „berufliche" Schwächen.
- » Die Schwächen sollten sich auf keinen Fall negativ auf den angestrebten Beruf auswirken.
- » Wenn Sie eine Schwäche für Schokolade, guten Wein oder Seifenopern im TV haben, hat das bei Ihrem Jobinterview nichts verloren.
- » Ihre beruflichen Schwächen sollten sich in Stärken umlegen lassen!

Eine vermeintlich negative Eigenschaft wie Ungeduld resultiert aus dem Wunsch, Dinge schneller erledigen zu wollen oder etwas nicht erwarten zu können. Positiv ausgedrückt erledigen Sie Ihre Arbeiten schnell und können bei Kunden oder Lieferanten nachfassen, wenn Ihnen Informationen oder Unterschriften fehlen.

Hier sind einige Beispiele von vermeintlichen Schwächen, die positiv aufgefasst werden können, bereits aus der Bewerbung selbst hervorgehen oder keine Relevanz für die ausgeschriebene Stelle haben (könnten):

„Schwäche" ...	... und warum sie keine ist
Ungeduld	Zielstrebigkeit, Schnelligkeit
Perfektionismus	Zeigt, dass Sie sich in gewissen Tätigkeiten verstricken können, jedoch Ihre Arbeit ernst nehmen und gut ausführen wollen.
Mangelnde Berufserfahrung	... sollte bereits aus Ihrem Lebenslauf hervorgegangen sein, trotzdem sitzen Sie beim Interview.
Fremdsprachenkenntnisse	...bei Fremdsprachen, die Sie nicht unmittelbar für diesen Job benötigen!

Die beste und ehrlichste Lösung ist es, wenn Sie sich jedoch selbst eine Liste Ihrer „Schwächen" zusammenstellen und sich überlegen, welche positiven Eigenschaften sich darin verbergen. Aus welchen Situationen haben Sie gelernt? Wo konnten Sie sich in der Vergangenheit verbessern?

Folgende Fragen helfen Ihnen dabei, Ihre persönlichen Entwicklungsfelder zu definieren:

Wenn Sie sich die Antworten zu diesen Fragen nun näher ansehen, versuchen Sie zu definieren, wo Ihre Verbesserungspotenziale liegen oder welche positive Veränderung in Ihrem Verhalten bereits stattgefunden hat.

> » *Welche waren meine größten Misserfolge? Wieso sind sie passiert? Welchen Beitrag habe ich dazu geleistet?*
>
> » *Was mache ich nicht gerne? Was kostet mich große Überwindung? Würde es mich weiterbringen, wenn ich mich dazu überwinden könnte?*
>
> » *Mit welchem Typ Mensch komme ich nicht gut aus? Wäre es besser, wenn ich es täte? Kann ich damit leben, dass mich nicht alle Menschen mögen? Welche Konsequenzen haben persönliche Befindlichkeiten im Beruf?*
>
> » *Wann bin ich schlecht gelaunt? Welche Situationen oder Menschen sorgen dafür, dass ich keine positive Grundstimmung mehr habe? Kann ich aktiv auf die Situation/die Person zugehen und so für eine bessere Ausgangslage sorgen?*
>
> » *Welche Abläufe sind für mich eine Belastung? Wo sehe ich Verbesserungsmöglichkeiten? Gibt es jemandem in meinem Umfeld, dem diese Abläufe gefallen würden?*
>
> » *Welche meiner Eigenschaften wirkt sich im Berufsleben und der sozialen Interaktion immer wieder negativ aus? Welche Schritte wären nötig hier eine Verbesserung zu erreichen? Bin ich bereit Zeit und Aufmerksamkeit zu investieren?*

> In mehreren Studien, unter anderem der Harvard-Studie *„Humblebragging: A distinct-and ineffective-self-presentation strategy"* wurde festgestellt, dass Personen, die sich beim Bewerbungsgespräch selbstkritisch und authentisch zeigen, besser abschneiden als diejenigen, die sich vermeintlich perfekt präsentierten. 23 Prozent der Befragten gaben echte Schwächen zu, die Mehrheit von 77 Prozent verkleidete ihre Schwächen mit positiven Worten. Als die Forscher im Anschluss die Personalmanager fragten, welche Personen sie einstellen würden, wählten rund 80 Prozent jene Kandidaten, die sich ihre echten Schwächen eingestanden hatten.
>
> (Quelle: **papers.ssrn.com/sol3/papers.cfm?abstract_id=2597626**)

IHRE BEGABUNGEN

Jeder Mensch hat Begabungen und kann gewisse Dinge besonders gut. Diese Talente, egal ob beruflich oder privat, zeichnen Sie aus.

Beginnen wir mit einem Beispiel aus dem privaten Umfeld:

> Frau K. reist gerne. Sie plant ihre Urlaube meist schon Monate im Voraus, recherchiert Hotels und Ausflugsziele online und organisiert sich den Urlaub so, wie es ihr am besten gefällt. Selbst wenn im Urlaub etwas nicht so funktioniert wie geplant, ist sie in der Lage sofort zu reagieren und unkomplizierte, schnelle Lösungen zu finden. So wurde jede ihrer Reisen ein besonderes Erlebnis.

Auf den ersten Blick ist an diesem Beispiel nichts Außergewöhnliches zu erkennen. Wenn wir diese Situation genauer betrachten, lassen sich jedoch folgende Begabungen erkennen:

» Urlaube genau planen
» im Internet effizient recherchieren
» auf unerwartete Situationen positiv und entspannt reagieren

Sie können diese Aussagen nach dem oben gelesenen Text garantiert bestätigen. Natürlich lassen sich diese Eigenschaften auch auf den Beruf übertragen. Stellen Sie sich statt des Wortes „Urlaube" das Wort „Dienstreisen" oder „Meetings" vor.

Diese Aussagen sind auch so konzipiert, dass sich Ergebnisse messen lassen können. In den Eigenschaftswörtern steckt bereits eine Erwartung, „genau" suggeriert, dass alle Abläufe bekannt und geplant sind, „effizient" bedeutet, viel Leistung mit wenig Aufwand zu erbringen und „positiv und entspannt" heißt in diesem Fall, einen kühlen Kopf zu bewahren und Flexibilität in unvorhergesehenen Situationen zu zeigen.

Um herauszufinden, welche Fähigkeiten Sie haben und wie Sie diese bewusst im Bewerbungsprozess einsetzen können, lade ich Sie ein, folgende Übung zu machen.

Notieren Sie sich, was Sie besonders gerne machen und gut können. Beginnen Sie mit einem Brainstorming, schreiben Sie also alle Gedanken, die Ihnen durch den Kopf gehen frei und ungeordnet auf ein Blatt Papier.

Alltägliche Bereiche, in denen Sie ihre Fähigkeiten einsetzen:

Arbeit	Beziehung, Freundschaften
Studium	Recherche von Themen
Arbeit am Computer	Ehrenamtliche Tätigkeiten
Andere motivieren	Vereinstätigkeiten
Sprachen	Hobbies
Games	Handwerk
Sport	Urlaub

Nun gilt es Ihre Aussagen etwas genauer zu betrachten, auszubauen und Verbindungen zur Arbeitswelt herzustellen.

Versuchen Sie, allgemeine Formulierungen wie z. B. „schreiben" oder „recherchieren" zu spezifizieren. Wo recherchieren Sie gut, was schreiben Sie gut? („Briefe schreiben", „in Zeitschriften recherchieren" etc.)

Bilden Sie Hauptwort-Verb-Paare aus Ihren Notizen. Versuchen Sie auch weitere Dinge zu finden, die zu Ihrem ausgewählten Verb passen:

„E-Mails schreiben", „Berichte schreiben", „Artikel schreiben" – oder weiter gedacht – „Präsentationen schreiben/erstellen", „Reports erstellen", „mit Excel arbeiten" etc.

Der nächste Schritt ist es, die Paare mit einer Bedingung zu versehen. Die Bedingung sagt aus, wie Sie etwas machen und ist meist ein Kriterium zur Messung des Erfolgs.

Wenn Sie gerne mit Menschen kommunizieren und Ideen austauschen, spricht das für gute Kommunikationsskills und die Fähigkeit andere zu motivieren. So könnte dieses Beispiel folgendermaßen definiert werden:

Hauptwort	Eigenschaftswort/ Bedingung	Verb
Menschen	positiv	motivieren

Vervollständigen Sie diese Liste mit Ihren persönlichen Begabungen.

ZEIGEN SIE IHRE BEGABUNGEN IM BEWERBUNGSPROZESS

Nachdem Sie Ihre Fähigkeiten definiert und formuliert haben, sind Sie nun bereit, Ihre Begabungen auch dem potenziellen neuen Arbeitgeber darzulegen. Überlegen Sie sich, in welchen beruflichen Situationen Sie Ihre Skills bereits nutzen konnten, wo sich eventuell Probleme in den Weg stellten und wie Sie diese lösten. Sie können an Projekte denken, an denen Sie mitgearbeitet haben, an Ihren täglichen Arbeitsablauf oder besondere Ereignisse, die sich in Ihrem Berufsleben zugetragen haben:

- » Sie haben etwas aufgebaut.
- » Sie haben einen neuen Arbeitsprozess implementiert.
- » Sie entwickelten Ideen und hatten Verbesserungsvorschläge.
- » Sie haben ein besonderes Kundenbedürfnis erkannt und es befriedigt.
- » Sie lösten ein Problem.
- » Sie erreichten ein Ziel.
- » Sie haben vorgegebene Umsatzziele übertroffen.
- » Sie deckten Einsparungspotenziale auf und setzten sie erfolgreich um.
- » Sie haben eine besondere Auszeichnung erhalten.
- » etc.

Erläutern Sie zu jeder Situation folgende Punkte:

- » *Was war die Ausgangssituation?*
- » *Wo lag das Problem?*
- » *Konnten Sie das Problem lösen? Wie/warum nicht?*
- » *Welche Fähigkeiten setzten Sie ein?*
- » *Welchen Vorteil hatten Sie/Ihr Unternehmen dadurch?*
- » *Was haben Sie daraus gelernt?*
- » *Was haben Sie dadurch erreicht?*

Wenn Sie diese Übung absolviert haben, könnte eine Zusammenfassung in etwa dieser Weise in Ihrem Motivationsschreiben stehen:

„Als IT-Projektmanager war es meine Aufgabe, durch die Implementierung und Verbesserung von Software Arbeitsprozesse zu erleichtern. So konzipierte ich mit der Fachabteilung Qualität ein einheitliches System zur Aufzeichnung von Fehlern und Mängeln bei zugelieferten Waren. Davor wurden bei Mängeln lediglich Excel-Listen geführt, die am Monatsende mühevoll zusammengeführt und weiterbearbeitet wurden. Das Hineinversetzen in Arbeitsabläufe fiel mir besonders leicht, da ich vernetztes Denken als eine meiner wesentlichen Stärken ansehe. Wir erarbeiteten eine kostengünstige und leicht zu bedienende Lösung, die sämtliche Daten sofort abrufbar machte, sowie das Unternehmen automatisiert mit Lieferanten vernetzte. Wurde ein Mangel aufgedeckt, bekam der entsprechende Lieferant sofort eine Nachricht darüber und konnte eine Stellungnahme direkt im System eingeben. So waren alle Daten gesammelt und es wurden nachweislich 24 % Arbeitszeit eingespart, das entsprach Personalkosten von über 6000 €/Monat. Es war ein besonderer Erfolg alle Mitarbeiter dazu zu motivieren auf dieses System umzusteigen und dieses Projekt innerhalb von neun Monaten zu realisieren. Ich habe besonders aus diesem Projekt gelernt, dass es wichtig ist Arbeitsabläufe genau zu betrachten und Einsparungspotenziale zu finden, Menschen zu Veränderung zu motivieren und durch striktes Zeitmanagement und situative Führungsmethoden Projekte als Projektmanager zum Erfolg zu führen."

WHO AM I?

Um Ihnen das Definieren und Erarbeiten der „Marke ICH" verständlicher zu erklären, stelle ich im folgenden Kapitel reelle Coaching-Situationen dar.

In diesem beschriebenen Coaching kommt Herr F. zu mir. Herr F. war viele Jahre als Abteilungsleiter der Produktion in einem gewerblichen Betrieb tätig. Als *„rechte Hand"* seines Chefs wurde er mit vielen Tätigkeiten betraut und hat durchaus auch Aufgaben erledigt, die eigentlich sein Chef hätte ausführen sollen. Dieser Betrieb sperrt nun zu, und Herr F. wird arbeitslos. Diese Situation ist für ihn neu und ungewohnt, war er doch seit der Schulzeit immer in einem aufrechten Beschäftigungsverhältnis.

Nun muss er sich neu orientieren und sucht meinen Rat. Herr F. ist der Meinung, keinen anderen Beruf ausüben zu *„können"* und weiß nicht, für welche Stellen er sich konkret bewerben kann.

So fragt er sich: *„Für welche Berufe bin ich geeignet? Für welche Stellen kann ich mich bewerben? Was sind meine Stärken?"*

Um diese Frage zu beantworten und ihm zu zeigen, wo seine Stärken liegen, führe ich mit Herrn F. eine Übung namens *„Who am I"* („Wer bin ich") durch, die von dem Autor Dick Bolles in seinem Buch *„What Color Is Your Parachute?"* beschrieben wurde.

Mit Hilfe dieser Übung schaffen Sie es sehr einfach, Ihre Kompetenzen und Fähigkeiten auf den Punkt zu bringen. So fällt es Ihnen in Zukunft sowohl in Ihren Bewerbungsunterlagen als auch in Vorstellungsgesprächen leicht, dem Unternehmen zu kommunizieren, was Ihre Person und Persönlichkeit ausmacht und können dies mit Beispielen aus Ihrem Leben untermauern.

Schritt 1: Definition der Rollen

Nehmen Sie für diese Übung mindestens zehn Blätter Papier zur Hand und schreiben Sie auf jedes Blatt, welche verschiedenen Rollen Sie in Ihrem Leben einnehmen. Seien Sie kreativ und denken Sie an verschiedene Situationen in Ihrem Alltag. Was machen Sie üblicherweise im Beruf? Was machen Sie in Ihrer Freizeit? Wie interagieren Sie mit Menschen?

Beispiele für Rollen könnten folgende sein:

Im Beispiel von Herrn F. sah das so aus:

Schritt 2: Beschreiben Sie Ihre Rolle

Beschreiben Sie nun, warum Sie diese Rolle verkörpern und was Sie an dieser Rolle begeistert. Beachten Sie: **Ausschließlich positive Aussagen sind erlaubt!** Nehmen Sie sich für diesen Schritt Zeit. Es ist üblich, dass Ihnen bei manchen Rollen besonders viel einfällt und bei anderen Rollen weniger. Als Gedankenstütze können Ihnen folgende Fragen bei der Definition Ihrer Rolle helfen:

» *Was macht mir in dieser Rolle besonderen Spaß/was gefällt mir an dieser Rolle?*

» *Wie empfinden es andere, wenn ich mich in dieser Rolle befinde?*

» *Wie sehen mich andere in dieser Rolle?*

» *Welche Vorteile haben andere davon, wenn ich mich in dieser Rolle befinde?*

» *Was kann ich besonders gut in dieser Rolle?*

» *Was sind meine Stärken und Kompetenzen in dieser Rolle?*

» *Wie fühle ich mich in dieser Rolle?*

» *Welche Verantwortungen habe ich in dieser Rolle?*

» *Welche Eigenschaften bringe ich mit, um in dieser Rolle gut zu sein?*

» *Welche positiven Eigenschaften verkörpere ich in dieser Rolle?*

Bei Herrn F. sah das Ergebnis folgendermaßen aus:

Verantwortung, Fürsorglichkeit, Stolz, Freude, Spaß, aktiv sein, Sinngebung, Geborgenheit, Rückhalt, Streitschlichter, Verantwortung abgeben können, Verlässlichkeit, Erziehung, Weg weisen, Vorbildfunktion, Wissen weitergeben, Geduld, Gleichberechtigung, Herausforderung, Flexibilität, Reaktionsstärke

Liebe, Zärtlichkeit, Aktivitäten, „Alltag" im positiven Sinn, Verantwortung, Verständnis aufbringen, Spaß, Freude, Kommunikation, Konflikte positiv regeln, Meinungsverschiedenheiten klären, zuhören, Freiraum geben, Freiraum schaffen, gemeinsame Erziehung, Gelassenheit, Verlässlichkeit

Teamplay, sportliche Betätigung, Zusammensein mit Freunden/Teamkollegen, Erfolge, gemeinsam ein Ziel erreichen, Verantwortung, Spaß, gegenseitige Motivation, ausdauernd, Ausgleich, niemals aufgeben.

Verantwortung, Entscheidungskompetenz, gemeinsam Ziele erreichen, etwas vorantreiben, Erfolge verantworten, Projekte leiten, Rolle als Motivator, Teamplayer

Auf dem neuesten Stand sein, Technik als Hobby, Spaß an Technologien, Wissensvermittler, Support-Hotline für Freunde und Familie, Hilfsbereitschaft, „Alleskönner" in den Augen der anderen, Lernbereitschaft, Weiterbildungsbereitschaft, immer erreichbar

Gemeinsames Erarbeiten von Lösungen, gegenseitige Motivation, positives Denken und Handeln, Kommunikationsstärke, Teamrollenverständnis, anpacken können, Berater, Verlässlichkeit, Flexibilität, Zielorientierung, Vogelperspektive – das „große Ganze" im Auge behalten

 Freude an der Arbeit mit Jugendlichen, Menschen helfen und Ihnen etwas beibringen, Wissen vermitteln, Respektsperson, mit der man auch Spaß haben kann, Hilfsbereitschaft, Verständnis

Dinge konstruieren und bauen, Verbesserungen initiieren, Ergebnisse sehen, Lösungen finden, Nachhaltigkeit

 Musik als Entspannung, loslassen, Selbstausdruck, aktives Zuhören, Genießer, Tanzen als Ausgleich, Freude an Musik, Singen im Auto als Stressbewältigung, Lernbereitschaft, offen für Neues

Lösungen erarbeiten, konstruieren, Menschen glücklich machen, Verbesserungen schaffen, Optimierung, Teamwork bei der Umsetzung, Konzentration, Fokussierung auf die Lösung, Zielorientierung, Freude an neuen Ideen

Bei Herrn F. sieht man im Vergleich der Rollen sich wiederholende Eigenschaften. So kann man sehen, dass seine Stärken unter anderem in der Teamfähigkeit, Innovationsfähigkeit, Empathie, Problemlösungsorientierung sowie Zielorientierung liegen.

Erkennen Sie in Ihren Antworten ähnliche Charakterzüge und Stärken, die Sie in verschiedenen Rollen einsetzen? Analysieren Sie Ihre Antworten genau und suchen Sie nach ähnlichen Verhaltensweisen, die Sie in Ihrer Rolle gut sein lassen.

Schritt 3: Ranking

Wenn Sie damit fertig sind, ordnen Sie Ihre Rollen nach Prioritäten. Die Rolle, die Sie am liebsten und besten verkörpern, bekommt die Zahl 1. Die Rolle, die Sie am zweitbesten beschreibt, die Nummer 2 und so weiter. Sie sehen nun, in welchen Rollen Sie sich am wohlsten fühlen. Bedenken Sie aber, dass es nicht bedeutet, dass die Rolle 10 eine ist, die Sie nicht gerne ausführen.

> Wenn Sie nun in Bewerbungsgesprächen nach Ihren Stärken gefragt werden oder erläutern sollen, was für Sie z. B. *„Teamfähigkeit"* bedeutet, denken Sie an diese Übung zurück. Geben Sie wieder, wann Sie Teamfähigkeit einsetzen, wie es Ihnen und anderen dabei geht und welche Tätigkeiten Sie dabei ausführen, worauf Sie achten etc.

IN 60 SEKUNDEN BEGEISTERN – SO ÜBERZEUGEN SIE IHR GEGENÜBER MIT DEM ELEVATOR PITCH

Ich habe Frau S. bei einer Veranstaltung getroffen und nach einem kurzen Kennenlernen gefragt, was Sie beruflich macht. Sie war zu diesem Zeitpunkt arbeitsuchend und hatte große Schwierigkeiten, mir kurz und prägnant zu erklären, was ihre Qualifikationen sind, in welche berufliche Richtung es gehen soll und wo ihre Stärken liegen. Bei einem Folgegespräch öffnete sie sich und meinte, dass ihr bei spontanen Fragen zu ihrer Situation die richtigen Worte fehlen. Auch auf ihren Online-Profilen auf LinkedIn und XING steht „nichts", da sie nicht weiß, was sie schreiben soll.

Oft scheitert der berühmte „erste Eindruck" nicht an der eigenen Kompetenz und Qualifikation, sondern an der eigenen Überforderung bei spontanen Fragen passende Antworten zu geben. So fehlen einem die richtigen Worte, die man im Nachhinein oft weiß – aber dann ist es bereits zu spät.

Um sich auf solche Situationen vorzubereiten und auch um schriftliche Selbstdarstellungen aufzubessern (Bewerbungsunterlagen, Social-Media-Profile) gibt es eine gute Methode: den Elevator Pitch.

Das Modell kommt aus den USA und beschreibt ein Szenario, in dem ambitionierte Personen eine (Wolkenkratzer-) Liftfahrt mit einem Investor verbringen.

Das Ziel ist es, innerhalb von 30-90 Sekunden einen positiven Eindruck zu hinterlassen. So will man in diesem „Pitch" (Verkaufsgespräch) einen Investor von einer Geschäftsidee überzeugen oder dem zukünftigen Arbeitgeber sagen, dass und aus welchen Gründen man die richtige Person für einen Job ist.

In welchen Situationen ist eine solche Selbstdarstellung sinnvoll?

Situationen, wo man in kurzen Worten seine Fähigkeiten beschreiben sollte, können sich in Seminaren, auf Karrieremessen oder bei Netzwerktreffen ergeben. Sie können mit guter Vorbereitung auch bei spontanen Anrufen von Recruitern oder in Vorstellungsgesprächen von dieser Methode profitieren.

> Es hilft, wenn Sie sich beim Aufbau des Pitches an die sog. AIDA-Regel halten. AIDA steht als Abkürzung für Attention, Interest, Desire, Action.
>
> **ATTENTION** – Aufmerksamkeit: Gewinnen Sie mit den ersten beiden Sätzen die Aufmerksamkeit Ihres Gegenübers.
>
> **INTEREST** – Interesse: Halten Sie das Interesse des Adressaten. Bauen Sie Spannung auf, sprechen Sie in emotionaler Sprache. Was passiert, wenn man Sie nicht einstellt? Was können Sie erreichen oder welchen Schaden verhindern?
>
> **DESIRE** – Sehnsucht, Verlangen: Ihr Gegenüber hat Feuer gefangen und will wissen: Wo gibt es mehr davon? Wie bekomme ich das?
>
> **ACTION** – Aktion: Jetzt soll Ihr Gegenüber aktiv werden und Sie zu einem weiteren Termin einladen, Sie näher kennenlernen wollen und Sie idealerweise einstellen.
>
> *Das AIDA-Modell wird auf Elmo Lewis zurückgeführt, der es 1898 beschrieben hat. In einem seiner Artikel über Werbung hat er zumindest drei grundlegende Prinzipien beschrieben, die als Basis für das AIDA-Modell gelten.*

Wenn Sie einen Elevator Pitch für Ihre persönliche Selbstdarstellung vorbereiten, halten Sie sich an diese Daumenregeln:

» *Sprechen Sie in der Sprache der Zuhörer – was braucht mein Gegenüber dringend, das ich bieten kann?*

» *Ziel des Pitches ist, dass der Zuhörer unbedingt mehr von Ihnen wissen will. Was machen Sie anders als die anderen?*

» *Definieren Sie vorab Ihre gewünschte Zielgruppe, um die Personen gezielt anzusprechen. Wer profitiert von Ihrer Person und von wem können Sie profitieren?*

» *Finden Sie eine Methode, mit der Sie Zuhörer für sich gewinnen können. Sprechen Sie dazu auf emotionaler Ebene mithilfe von rhetorischen Fragen, Metaphern und Bildern.*

» *Verwenden Sie klare und deutliche Formulierungen und vermeiden Sie Fremdwörter.*

Sehen wir uns nun ein Beispiel eines Elevator Pitches an:

> *„Dokumenten-Missmanagement kostet 40 bis 60 % der Arbeitszeit, 20 bis 45 % der Gehaltskosten und 12 bis 15 % des Unternehmensumsatzes. Das bedeutet, dass Mitarbeiter bei guter Organisation 40 bis 60 % mehr Zeit dafür aufbringen können, die eigentlichen Arbeitsaufgaben zu bewältigen. Ich schaffte es, bei meinem vorigen Arbeitgeber Arbeitsabläufe zu optimieren und ein Informationssystem einzuführen, das nicht nur Zeit und Kosten gespart hat, sondern die Mitarbeiterzufriedenheit erheblich steigerte. Ich sehe mich im Bereich der Büroorganisation und bringe neben meiner fundierten Ausbildung und Arbeitserfahrung auch die erforderlichen Kompetenzen mit, die Sie in Ihrem Stelleninserat angegeben haben. Ich freue mich, Ihnen bei einem weiteren Termin mehr zu meiner Person zu erzählen."*

Was ist das Bedürfnis Ihres Gegenübers?

Frage an den Recruiter Gerhard G.:

Was wollen Sie von Bewerberinnen und Bewerbern hören? Nach welchen Kriterien beurteilen Sie diese?

„Natürlich sollen die Anforderungen, die wir an die Bewerber stellen, erfüllt werden. Die fachlichen und sozialen Kompetenzen sollten bei dem Gespräch kommunziert und glaubhaft dargestellt werden. Dabei kommt es mir nicht so sehr auf die punktgenaue Erfüllung aller gewünschter Qualifikationen an, sondern auf die Lernbereitschaft und die Neugierde auch Neues ausprobieren zu wollen. Eine positive Ausstrahlung, das Zeigen der Motivation, den Job haben zu wollen und Beispiele aus der Berufserfahrung helfen hier sehr. Ich muss mir nach dem Gespräch sicher sein, dass ich mich auf die Person verlassen kann und das Gefühl haben, dass die Person ehrlich ist und die eigenen Angaben richtig sind."

Was sind Kriterien für Ihren Gesprächspartner, um zu Ihnen „Ja" zu sagen, um ihn von Ihrer Person zu überzeugen? Welche Qualifikation oder Inputs benötigt der Zuhörende?

Sie müssen vermitteln, dass Sie Ihr Gegenüber und dessen Unternehmen mit Ihrer Person und Ihrem Wissen bereichern können.

Je nach Rolle des Gegenübers benötigen Sie eine eigene Strategie. Stellen Sie sich immer die Frage, welche Botschaft Sie wem vermitteln wollen. Als Hilfestellung können Sie sich an diese Tipps halten:

- » Betonen Sie, dass Sie gut in dem sind, was Sie machen!
- » Richten Sie die Aufmerksamkeit auf Ihre Problemlösungsorientierung, gerne auch im Team!
- » Bereiten Sie Zahlen und Fakten vor, die Ihre Umsetzungsstärke untermauern und zeigen, dass Sie in der Lage sind, Gewinne zu generieren und Einsparungspotenziale zu realisieren!
- » Vermitteln Sie die geforderten Fachkenntnisse und Kompetenzen anhand von Beispielen aus Ihrem (Arbeits-) Leben!
- » Zeigen Sie Motivation, den Job erhalten zu wollen!

Spezialisten sind besser als Generalisten

„*Stuck in the middle*" bedeutet hinlänglich das „*Gefangensein in der Mitte*", also kein Spezialist sondern ein Generalist zu sein. Wenn man den Eindruck vermitteln will, alles zu können, entsteht beim Gegenüber oft das Bild, dass Sie zwar etwas von allem wissen, aber nichts konkret umsetzen können.

Aus diesem Grund ist es ausschlaggebend, je nach dem Typ Ihres Gesprächspartners, auf eine Kernkompetenz einzugehen und sich darauf zu konzentrieren.

Frage an Sybille K., Geschäftsführerin eines mittelständischen Unternehmens:

Nach welchen Kriterien stellen Sie neue Mitarbeiterinnen und Mitarbeiter ein? Wie können Sie bei einem Vorstellungsgespräch überzeugt werden?

„*Ich lege besonderen Wert auf die Problemlösungsorientiertung eines Mitarbeiters. Wie kann eine Person Probleme lösen und vor welchen Herausforderungen stand die Person bereits? Es hilft mir auch, wenn ich Fakten höre und die Person diese mit Zahlen unterlegen kann. Ich stelle gerne Fragen wie: ‚Wie viel Umsatz haben Sie dem vorigen Unternehmen gebracht?' sowie: ‚Konnten Sie Geld und Zeit einsparen?' Bewerber sollten zudem etwas Unternehmenswissen und Affinität für die Branche und Aufgabe mitbringen. Wir legen sehr viel Wert auf die Unternehmenskultur und auf Teamwork. Ich suche immer nach Personen, die gut in das Unternehmen passen. Neben dem geforderten Fachwissen ist für mich auch die Motivation in unserem Unternehmen arbeiten zu wollen ein wesentlicher Faktor.*"

KREATIVE MÖGLICHKEITEN DER JOBSUCHE

EINEN SCHRITT VORAUS – KREATIVE MÖGLICHKEITEN DER JOBSUCHE

Um sich zielgerichtet und effizient zu bewerben, ist eine intensive Phase der Recherche und Informationsbeschaffung nötig. Öffentlich ausgeschriebene Stellenanzeigen im Internet sind nur eine von vielen Quellen, in denen Sie nach passenden Jobs suchen können.

Zu welchem Zeitpunkt schreibt ein Unternehmen eine offene Stelle öffentlich aus?

In der Regel ist eine öffentliche Ausschreibung nicht der erste Versuch einen neuen Mitarbeiter zu finden. Wenn Sie in einer Zeitung oder auf einem Jobportal im Internet eine Stellenausschreibung sehen, dann ist das Unternehmen meist schon seit Wochen auf der Suche nach einem passenden Kandidaten für die ausgeschriebene Position.

Sie sehen an diesem Beispiel, dass die Stellenausschreibung auf Jobportalen für das Unternehmen meist der letzte Schritt ist benötigtes Personal zu suchen. Nicht nur große Unternehmen und Konzerne arbeiten so, jedes Unternehmen muss sparen. Öffentliche Jobausschreibungen kosten sehr viel Geld, somit ist jeder Weg recht diese Ausgaben zu vermeiden.

Oft kann man in Zeitungen von massivem Personalabbau diverser Firmen lesen, vor allem in Zeiten von wirtschaftlichen Krisen. Vielleicht waren oder sind auch Sie davon betroffen. Aber lassen Sie sich davon nicht demotivieren. Viele Unternehmen arbeiten projektbezogen, und eine Krise bedeutet nicht, dass immer alle Projekte sofort gestoppt werden. Auch in Krisenzeiten wird Personal gesucht, und das nicht zu knapp.

Bei dem Technologieunternehmen TECHKOM konnte ein neuer Kunde akquiriert werden. Dieser vergibt dem Unternehmen einen Auftrag. Nach ersten Volumen-Kalkulationen kristallisiert sich heraus, dass 20 Personen für dieses Projekt in Vollzeit benötigt werden.

TECHKOM beschließt, das neue Team aus bestehenden Mitarbeitern anderer Abteilungen, neuen fixen Mitarbeitern und Zeitarbeitnehmern zusammenzustellen.

Die Gründe für eine solche Streuung sind folgende: Firmeneigene Mitarbeiter und Mitarbeiterinnen bringen neben der fachlichen Qualifikation das Know-how des Unternehmens mit. Interne Abläufe, administrative Belange sowie die Hierarchien und Personen dahinter sind internen Bewerbern bekannt.

Neue Mitarbeiter werden aufgenommen, wenn sich ein Unternehmen sicher ist, dass es sich im Wachstum befindet und die Personen nicht nur für dieses Projekt sondern für weitere Aufträge oder andere Projekte benötigt werden.

Zeitarbeiter werden angefordert, weil man hier kein Personalrisiko eingeht. Abgesehen davon, dass das für ein Unternehmen wie eine lange Probezeit ist, kann man am Ende eines Projektes die Mitarbeiter wieder „zurückstellen", man muss sie also nicht weiterbeschäftigen, wenn keine weiteren Aufträge akquiriert werden konnten.

Während der Personalbedarf noch von den obersten Stellen genehmigt werden muss, sind Personalmanager schon indirekt auf der Suche, hören sich um, fühlen bei Zeitarbeitsfirmen vor. Der Druck der Personalabteilung ist hoch, sofort nach Erhalt der Personalgenehmigung die neuen Mitarbeiter zu finden.

Die interne Personalsuche bringt es oft mit sich, dass für neue Projekte abgezogene Mitarbeiter in den ehemaligen Abteilungen ersetzt werden müssen. Die neuen, offenen Positionen werden am lokalen oder konzernweiten internen Stellenmarkt ausgeschrieben (interne Online-Jobplattformen, „Schwarzes Brett" etc.).

Zudem wird unter bereits eingegangenen Bewerbungen nach passenden Profilen gesucht. Bewerber, die sich zu einem früheren Zeitpunkt initiativ oder für eine andere Stelle beworben haben, sind vielleicht noch verfügbar und auch dazu bereit, die jetzt vakanten Stellen zu besetzen.

Nach den offiziellen Genehmigungen zum Personalaufbau werden nun auch offiziell Jobbeschreibungen an Zeitarbeitsfirmen und Headhunter übermittelt. Diese senden daraufhin (anonymisierte) Profile an die Personalmanager.

Parallel dazu werden die vakanten Positionen auf der unternehmenseigenen Webseite ausgeschrieben. Dies passiert meist, bevor die Ausschreibung auf einem (für das Unternehmen) kostenpflichtigen Portal erscheint.

Wenn noch immer nicht alle Bewerber gefunden sind, wird die Bewerbersuche auf die großen Jobportale im Internet sowie Zeitungen und auf sonstige öffentliche Portale ausgeweitet.

Und da suchen Sie gerade – so wie alle anderen auch.

Im folgenden Abschnitt sehen Sie verschiedene Wege, um Ihre Bewerbung zu platzieren. Sie müssen nicht jeden Weg verfolgen, jedoch erhöht es die Chancen Ihren perfekten Job zu finden, wenn Sie so viele Kanäle wie möglich nutzen.

PLANEN SIE IHRE JOBSUCHE

Die Suche nach einem passenden Job ist für viele Bewerberinnen und Bewerber eine große Herausforderung, da es immer mehr Quellen für Stelleninserate gibt. In dieser Informationsflut ist es oft nicht einfach, die passende Stellenausschreibung zu finden.

Daher ist es wichtig, sich bereits vor der eigentlichen Jobsuche eine Strategie zurechtzulegen.

Um den Überblick über all Ihre Aktivitäten zu bewahren, empfehle ich Ihnen ein Bewerbungsprotokoll zu führen. Wie Sie das machen, bleibt natürlich Ihnen und Ihrer bevorzugten Arbeitsweise überlassen. Ein einfaches Notizbuch ist ausreichend. Wenn Sie das Protokoll lieber digital erfassen, empfehle ich Ihnen ein Textverarbeitungsprogramm (z. B. Microsoft Word) oder ein Tool zur Tabellenkalkulation (z. B. Microsoft Excel) zu verwenden.

Eine mögliche Liste sollte mindestens folgende Informationen enthalten:

- » Informationen zum Enddatum der Bewerbungsfrist
- » Informationen zur Firma
- » Informationen zur Position
- » Datum der Bewerbung
- » Datum etwaiger Rückmeldungen

Probieren Sie selbst aus, welche Art der Aufzeichnung am besten zu Ihrem Arbeitsstil passt. Natürlich können Sie weitere Kriterien hinzufügen, die Ihnen wichtig sind. Das könnte z. B. bei mehreren Vorlagen eine Information über die Version der Bewerbung sein, die Sie versandt haben oder auch, wie Sie Ihre Bewerbung abgeschickt haben, per E-Mail, als Online-Bewerbung oder mit der Post. Eine Tabelle könnte so aussehen:

Datum Ende der Bewerbung	Firma	Position	Ansprech-partner der Firma	Datum der Bewerbung	Link zur Jobanzeige	Jobanzeige Datei	Nachgefasst am	Datum Jobinterview 1	Datum Jobinterview 2	Datum Absage
24.01.2019	Beispiel-firma	Einkäufer/-in	Frau Mustermann	05.01.2019	www.beispiel.com		07.01.2019			

> Wenn Sie sich auf eine Anzeige hin bewerben, rate ich Ihnen, die Print-Anzeigen aufzubewahren bzw. Online-Jobanzeigen als Text oder mit Hilfe eines Screenshots abzuspeichern. Wenn Firmen die Bewerbersuche abschließen, löschen sie meist auch die Links zu der Anzeige, somit gehen die wichtigen Informationen zu Aufgaben und Anforderungen an diese Stelle verloren. Spätestens beim Jobinterview benötigen Sie diese jedoch wieder.

ZIELE UND WÜNSCHE FÜR DEN NEUEN JOB

> *Welche Unternehmen sind Ihre Wunsch-Arbeitgeber?* Das können Unternehmen sein, deren Produkte oder Dienstleistungen Sie selbst nutzen (z. B. Smartphone-Hersteller, Energiesektor), die Sie aus Medien kennen oder die Arbeitgeber zufriedener Menschen (Quellen: Freundes- und Bekanntenkreis, Familie, Social-Media-Kanäle, Online-Arbeitgeber-Bewertungsportale etc.) sind.

Haben Sie sich schon Gedanken gemacht, welche Ihrer Ziele und Wünsche Sie mit dem neuen Job verbinden, welche Aufgabengebiete Ihnen Spaß machen, wie sich die Arbeitszeiten gestalten sollen?

Ziele für die Jobsuche zu definieren, ist ein wichtiger Schritt im Bewerbungsprozess. Wenn Sie Kriterien festlegen, können Sie gezielt nach Unternehmen, Positionen und Herausforderungen suchen.

Erstellen Sie sich hierzu eine Liste mit Informationen, die für Sie bei möglichen Arbeitgebern wichtig sind.

In diesen Unternehmen würde ich gerne arbeiten:

Hier können Sie sich initiativ oder für konkrete Jobs bewerben!

In diesen Unternehmen arbeiten Freunde, Bekannte und Familienmitglieder:

Hier können Sie nach internen Jobausschreibungen fragen!

In diesen Branchen möchte ich arbeiten:

Mithilfe von Branchenverzeichnissen (Wirtschaftskammer, Handelskammer, Online-Verzeichnisse…) und den dazugehörigen Unternehmen finden Sie potenzielle neue Arbeitgeber.

In diesen Berufen möchte ich arbeiten:

Suchen Sie im Internet nach verschiedenen Bezeichnungen für Ihren Berufswunsch. Firmen schreiben oft denselben Job unter verschiedenen Bezeichnungen aus, z. B. Office-Assistenz, Sekretär/-in, Assistent/-in der Geschäftsführung etc.

Wer sind die Meinungsbildner?

In branchen- oder themenspezifischen Fachzeitschriften können Sie sich Inspirationen holen. Recherchieren Sie ebenfalls die Autoren der Artikel, meist sind sie Meinungsbildner und Branchenkenner.

Mit meiner Ausbildung und Berufserfahrung kann ich in diesen Berufen arbeiten:

Recherchieren Sie im Internet, in welchen Berufen andere Personen mit Ihren Qualifikationen arbeiten. Auch die Websites der Arbeitsämter verfügen oft über einen Bereich, der zur allgemeinen Orientierung dient.

Anhand der Definition der Branche bzw. der Art der Unternehmen können Sie auch nach Firmen suchen, die Sie vielleicht vorher noch nicht gekannt oder einfach nicht beachtet haben.

Verbinden Sie sich mit Ihren Wunschunternehmen auf den Social-Media-Portalen, die Sie nutzen. Folgen Sie den Unternehmen auf Twitter, Facebook, LinkedIn und Co.

Welche allgemeinen Rahmenbedingungen sind Ihnen wichtig?

Dieser Punkt soll Ihnen helfen, Rahmenbedingungen zu definieren, die Ihre Suche nach passenden Angeboten verfeinern. Notieren Sie zu den entsprechenden Stichwörtern einfach Ihre Präferenzen:

- » *Welche Dienstorte bevorzugen Sie?*
- » *Wie viele Arbeitsstunden pro Woche/Monat möchten Sie arbeiten?*
- » *Wie sollten Ihre täglichen Arbeitszeiten sein?*
- » *Haben Sie Dienstreisebereitschaft? Wenn ja, wie weit vom Arbeitsort entfernt? Wie viele Tage am Stück?*
- » *Legen Sie darauf Wert, in einem großen/kleinen Büro zu arbeiten?*
- » *Haben Sie eine bevorzugte Firmengröße?*
- » *Bevorzugen Sie Arbeit im Team oder alleine?*

> » *Welche Rolle wollen Sie im Team spielen?*
> » *Auf welcher Managementebene wollen Sie sich bewerben?*
> » *Welche Tätigkeiten sollte die neue Stelle beinhalten und welche auf keinen Fall?*
> » *Wollen Sie mit Menschen in Kontakt sein?*

Stellen Sie sich auch die Frage, ob ein Praktikum oder eine Traineestelle ebenso in Frage kommen könnten. Gerade für Absolventen oder Berufsumsteiger ist es schwierig, gleich eine unbefristete Stelle ohne ähnliche Berufserfahrung zu bekommen.

Erweitern Sie auch diese Liste mit Ihren Wünschen und Bedürfnissen so, dass sie für Sie passend ist.

Wenn Sie nun die Kriterien, die Ihnen in einem neuen Unternehmen und Job wichtig sind, zusammengefasst haben, sollten Sie sich darüber Gedanken machen, welche Vorteile Sie dem Unternehmen bringen werden.

Notieren Sie sich hierzu Ihre Kompetenzen, Erfahrungen, Stärken und Fachkenntnisse.

Dies ist für viele Bewerber der schwierigste Part – doch keine Sorge. Diese – sowie die beiden vorherigen Listen – sind lebende Aufzeichnungen. Im Prozess der Jobsuche sollten Sie immer wieder ein Auge auf die Kriterien werfen und die Listen gegebenenfalls erweitern.

Mit Hilfe dieser Listen können Sie konkret nach Ihrem Traumjob suchen. Dadurch öffnen sich Chancen, die Sie mit den herkömmlichen Jobsuchmethoden vielleicht übersehen hätten.

METHODEN DER JOBSUCHE – WO FINDEN SIE DIE BESTEN JOBS?

Bewerbung direkt beim Unternehmen

Die Mehrzahl aller Unternehmen hat einen eigenen Bereich für Jobausschreibungen auf ihren Webseiten, da dies nach wie vor die für eine Firma günstigste öffentliche Variante der Personalsuche ist. Wenn Sie nicht gleich den Job finden, der auf Ihr Profil passt, gibt es immer die Möglichkeit sich initiativ zu bewerben. Somit können Sie ohne konkrete Jobausschreibung Ihr Profil beim Unternehmen hinterlegen.

Die Art und Weise, wie Sie Ihre Bewerbungsmappe senden, sollte von den Vorgaben des Unternehmens abhängig gemacht werden. Neben den öffentlich ausgeschriebenen Positionen werden in Unternehmen Stellen oft vorerst intern bekanntgegeben. So finden sich diese im unternehmenseigenen Intranet oder an einem sogenannten „Schwarzen Brett" ausgehängt. Erkundigen Sie sich im Bekanntenkreis nach solchen Stellenangeboten. Auch auf Universitäten und anderen öffentlichen Einrichtungen finden sich ähnliche Anschlagtafeln.

Auch gibt es in Unternehmen manchmal Aktionen, die sich an das Personal im Rahmen eines „Mitarbeiter werben Mitarbeiter"-Programms wenden. In diesem Fall bekommen bestehende Mitarbeiter eine Prämie, wenn sie eine ihnen bekannte Person als potenziellen Mitarbeiter vorstellen und es tatsächlich zu einer Einstellung kommt.

Fragen Sie in Ihrem Freundes- und Bekanntenkreis nach, ob es solche Programme in deren Firmen gibt und bewerben Sie sich auf Stellen, die vielleicht noch nicht öffentlich ausgeschrieben sind.

Beachten Sie folgende Tipps, bevor Sie Ihre Bewerbung abschicken:

> » Laden Sie Dokumente nur hoch, wenn diese Ihre Qualifikation belegen und Ihr Profil dadurch aufgewertet wird.
>
> » Relevante Zeugnisse und Weiterbildungszertifikate sollen Ihre „Area of Expertise", also Ihr Spezial- bzw. Fachgebiet, unterstreichen. Der Lebenslauf selbst gibt ohnehin eine Übersicht über alle Aus- und Weiterbildungen, die Sie absolviert haben.
>
> » Zeugnisse jeglicher Art können bei Bedarf jederzeit nachgereicht werden.
>
> » Wenn ein Unternehmen mehrere für Sie interessante Positionen ausgeschrieben hat, bewerben Sie sich für maximal 2–3 verschiedene Jobs. Versuchen Sie vorab, mit einem Mitarbeiter der Personalabteilung in Kontakt zu treten und fragen Sie, wie Sie vorgehen sollen. Das ist auch ein einfacher Weg schon vor der Bewerbung einen persönlichen Kontakt herzustellen.

Bewerbung über Personaldienstleister/ Zeitarbeitsfirmen/Headhunter

Viele Unternehmen lagern heutzutage ihre gesamte Personalsuche aus. Das bedeutet, dass nicht das Unternehmen selbst, sondern eine andere Firma das Recruiting übernimmt. Dazu zählen die Bewerbungsvorauswahl, das Führen von Bewerbungsgesprächen, das Durchführen von Assessments sowie die Anstellung selbst.

Personaldienstleister bieten in der Regel ein Full-Service-Paket für die Unternehmen an. Das bedeutet, dass von der Jobanzeige über

Bewerbungsgespräche bis hin zur Anstellung alles über eine solche Firma durchgeführt wird. Zeitarbeitsfirmen sind eher auf Arbeiter und kurze Arbeitseinsätze spezialisiert. Headhunter suchen aktiv und direkt einzelne Personen, die dem Qualifikationsprofil eines Unternehmens entsprechen sollten. Dabei sprechen sie auch passive Bewerber, also Personen, die nicht aktiv auf Jobsuche sind, an. Das machen sie mit Hilfe von Recherchen und Social-Media-Anwendungen wie LinkedIn und XING.

So sind diese Agenturen permanent auf der Suche nach Personen mit verschiedensten Qualifikationen. Um Ihre Chancen als Jobsuchender zu erhöhen, rate ich Ihnen, Ihre Bewerbungsunterlagen bei solchen Agenturen zu hinterlegen.

> Recherchieren Sie Personalbereitsteller, die Personal in Ihrem Qualifikationsbereich vermitteln, erstellen Sie eine Liste und bewerben Sie sich dort.

Mittlerweile gibt es auch viele Agenturen, die auf bestimmte Branchen und Qualifikationen spezialisiert sind. Recherchieren Sie hierzu verschiedene Agenturen, die in Ihrer Wunschregion tätig sind.

Da Personaldienstleister in den verschiedensten Branchen für viele Unternehmen Kandidaten suchen, verfügen sie immer über eine Vielzahl von aktuellen Bewerberprofilen, meist für unterschiedlichste Branchen und Bereiche. All diese können den Unternehmen vorsortiert zur Verfügung gestellt werden. Zum Schutz der Bewerber sind diese Profile in der Regel anonymisiert.

Haben Sie keine Angst vor offenen Stellen, die zeitlich begrenzt sind (z. B. Projekte, Karenzvertretung etc.). Sie sammeln neue Erfahrungen und es ist gut zu sehen, wie sich das allgemeine Arbeiten in dem Unternehmen darstellt. Es ergeben sich oft innerhalb des Unternehmens Chancen für Fixübernahmen in den eigenen Personalstand oder für Verlängerungen des eigentlichen Zeitrahmens.

> Für Unternehmen bedeutet ein hoher Eigenpersonalbestand hohe Kosten. Daher wird bei Sparmaßnahmen oft zuerst an dieser Stelle gekürzt. Personal, das über einen Personalbereitsteller eingestellt wird, ist zwar für das Unternehmen kurzfristig teurer, wird jedoch buchhalterisch anders behandelt. Somit ist dies ein Ausweg für Konzerne, trotz Aufnahmesperren neues, benötigtes Personal einzustellen. Darüber hinaus kann ein Unternehmen flexibler auf Auftragslage und Arbeitsmarkt reagieren.
>
> Headhunter stellen eine Sonderform der Personaldienstleister dar. Sie suchen gezielt nach Personen, um gegen eine Prämie eine bestimmte offene Position im Unternehmen zu besetzen – meist im Bereich des Managements. Headhunter sprechen Personen in der Regel direkt an. Da Sie jedoch nicht sicher gehen können, dass der Headhunter von allein auf Sie kommt, sollten Sie auch dort einen Lebenslauf mit der Angabe Ihres Wunschjobs platzieren.

Jobbörsen des Arbeitsamtes

Das Arbeitsamt unterstützt Arbeitsuchende meist nicht nur finanziell, sondern auch mit der Vermittlung offener Positionen.

Unternehmen können kostenlos mit dem zuständigen Arbeitsamt zusammenarbeiten und ihre offenen Stellen dort bekanntgeben. Das Arbeitsamt veröffentlicht diese in Jobbörsen auf der Webseite des Arbeitsamtes sowie am Schwarzen Brett vor Ort. Zudem werden seitens des Arbeitsamtes Kandidaten ausgewählt, die sich für die offenen Positionen eignen. Die Kandidaten werden informiert und sind dazu verpflichtet, sich daraufhin dort zu bewerben. Leider haben manche Unternehmen die Erfahrung gemacht, dass manchmal unqualifizierte und unmotivierte Bewerber zum Interview kommen und somit das Recruiting mehr Arbeit und Zeitverlust verursacht, als es passende Kandidaten bringt. Dies ist natürlich nicht die Regel, verschieden von Amt zu Amt und abhängig von der Motivation des Betreuenden. Die Konsequenz ist jedoch, dass manche Unternehmen deshalb diesen Service nicht mehr in Anspruch nehmen und somit dem Arbeitsamt keine offenen Stellen mitteilen. Daher hat ein Arbeitsamt nicht jeden verfügbaren Job im Umkreis auf seiner Plattform ausgeschrieben. Ergreifen Sie Eigeninitiative und verlassen Sie sich nicht ausschließlich auf das Arbeitsamt, wenn Sie aktiv einen Job suchen.

Jedes Arbeitsamt verfügt auch über eine Online-Kandidatenbörse. Dort können Bewerber ihren Lebenslauf hochladen und ihr Online-Profil bearbeiten. Unternehmen können dann direkt aus diesem Kandidatenpool passende Bewerber finden. Achten Sie bei der Erstellung Ihres Profils auf Vollständigkeit, das Verwenden von aussagekräftigen Schlüsselwörtern (wonach suchen Unternehmen, um SIE zu finden) und einen inhaltsreichen Lebenslauf.

In Deutschland heißt das Arbeitsamt **„Bundesagentur für Arbeit"**, in Österreich **„Arbeitsmarktservice"** oder **„AMS"**, in der Schweiz **„Regionales Arbeitsvermittlungszentrum"** bzw. **„RAV"**.

Online-Jobbörsen

Online-Jobbörsen sind der Garant für eine präzise gefilterte Suche nach passenden Jobs. Zudem sind sie die statistisch beliebteste Quelle für Bewerberinnen und Bewerber, um nach offenen Stellen zu suchen.

Neben den klassischen Jobbörsen wie Monster oder Stepstone gibt es auch sogenannte Metasuchmaschinen, die eine gesammelte Auswahl an Jobs anbieten. Diese Auswahl wird aus Unternehmenswebsites, klassischen Jobsuchmaschinen, Seiten von Personaldienstleistern etc. zusammengestellt. Vorteilhaft ist dabei, dass man mit einer Suche viele Stellenausschreibungen der gängigen Jobportale ausfindig machen kann. Aber aufgepasst: Manchmal kommt es vor, dass die auf Metasuchmaschinen ausgeschriebenen Inserate bereits abgelaufen sind. Um sicherzugehen, dass die gefundene Stellenanzeige noch aktuell ist, können sie in diesem Fall immer auf der ursprünglichen Seite (also der Unternehmenswebsite oder beim Personaldienstleister) nachsehen oder telefonisch nachfragen.

Online-Jobbörsen sind die einfachste Methode schnell viele Unternehmen ausfindig zu machen, die nach Kandidaten suchen. Sehen Sie sich die Webseiten zu den Unternehmen an und merken Sie sich Unternehmen vor, die für Sie interessant sind.

Im Downloadbereich finden Sie eine Liste mit aktuellen Jobportalen aus Deutschland, Österreich und der Schweiz.

> Ähnlich den Services Ihres Arbeitsamtes oder karriereorientierter Social-Media-Portale wie LinkedIn oder XING bieten auch Jobbörsen den Bewerbern an, sich auf deren Website ein eigenes Profil zu erstellen. Dort können sie ihre Kenntnisse und Qualifikationen angeben sowie einen Lebenslauf hochladen. In der Regel ist dieses Service kostenlos und Unternehmen haben die Möglichkeit, den Kandidatenpool zu durchsuchen und passende Personen zu kontaktieren.

Tageszeitungen

Regionale oder nationale Tageszeitungen legen an verschiedenen Wochentagen, oft samstags, ihren Fokus auf Karrierenews und Stellenanzeigen. Recherchieren Sie für das Land, in dem Sie arbeiten möchten, die wichtigsten Medien und sehen Sie sich regelmäßig den Karriereteil der Zeitungen an. Auch Wochenzeitungen bieten je nach Zielgruppenfokus eine gute Auswahl an Stellenanzeigen.

Zusätzlich verfügen die meisten Zeitungen über eine Website, auf der die aktuellen Stellenanzeigen zusätzlich ausgeschrieben werden.

Die Vorteile liegen in der Aktualität der Anzeigen und dem allgemeinen Überblick über den Stellenmarkt. Sie sehen auf einen Blick, welche Qualifikationen heiß begehrt sind und wie es um den aktuellen Arbeitsmarkt in Ihrer Region beschaffen ist.

Ein Nachteil kann sein, dass Sie mehr Konkurrenz beim Bewerben haben. Viele Menschen sehen zeitgleich eine Jobanzeige und bewerben sich zeitnah darauf. Hier ist es wichtig, dass Sie auf die Ausschreibung angepasste und qualitativ hochwertige Bewerbungsunterlagen haben.

Fachzeitschriften

Branchen-, regions- oder themenspezifische Fachzeitschriften sind ebenfalls eine gute Quelle für das Finden offener Stellen. Sie liegen meist für einen längeren Zeitraum aus, sind zielgruppenspezifisch gestaltet und geben Ihnen interessante Brancheneinblicke und behandeln die neuesten Trends in Ihrem Kompetenzbereich.

Die Vorteile für Unternehmen, in einer solchen Zeitschrift nach passendem Personal zu suchen, liegen auf der Hand.

Oft finden Sie in öffentlichen Bibliotheken und Universitätsbibliotheken eine aktuelle Sammlung von Fachzeitschriften zu verschiedenen Themen. Diese können Sie in der Regel kostenfrei ansehen, kopieren und sich vor Ort Notizen machen.

Netzwerken

Online-Portale jeder Art sind heutzutage eine Hilfestellung, um in Kontakt zu bleiben. Portale wie LinkedIn oder XING sind soziale Netzwerke mit professionellem Fokus. Benutzer erstellen ein Profil mit Werdegang und Joberfahrung, Unternehmen können (vom Anbieter unterstützt) mit modernsten Suchmethoden Kandidaten suchen und kontaktieren. Im nächsten Kapitel beschäftigen wir uns ausführlicher mit Social Media.

Abseits von Netzwerkaktivitäten im Internet können Sie Seminare und Vorträge sowie Messen und Fachtage zu Ihren bevorzugten Themenbereichen besuchen. In Unternehmen gibt es manchmal einen „Tag der offenen Tür" oder Ähnliches. Nutzen Sie diese Möglichkeiten, um persönlich mit Entscheidern in Kontakt zu treten.

Praktika und Traineeships

Befristete Dienstverhältnisse in Form eines Praktikums oder einer Stelle als Trainee sind ebenso tolle Möglichkeiten das Unternehmen kennenzulernen und einen guten Eindruck zu hinterlassen. Viele Unternehmen bieten neben den klassischen Jobs auch Praktika und Traineeships an. Ein Trainee arbeitet in vielen Bereichen des Unternehmens, um herauszufinden, welcher Job am besten zum Kandidaten passt. So könnte ein Trainee im Bereich Marketing im Zeitraum von ein bis zwei Jahren jeweils mehrere Monate in den Abteilungen Marketing, Sales, Einkauf etc. im Inland oder Ausland eingesetzt werden. Diese Programme sind interessant für Bewerber, da sie viele neue Erfahrungen sammeln können und Einblick in viele Bereiche des Unternehmens bekommen. In der Regel planen Unternehmen, Trainees nach diesem Programm im Unternehmen passend einzusetzen.

Auch wenn Praktika oft zeitlich begrenzt sind, sind sie ebenso eine tolle Möglichkeit, das Unternehmen kennenzulernen und einen guten Eindruck zu hinterlassen. Man kann Kontakte knüpfen und bei einer offenen Position werden oft ehemalige, gute Praktikanten zuerst gefragt, ob Interesse an einer unbefristeten Stelle vorhanden ist.

Das Arbeitsamt unterstützt Unternehmen in gewissen Programmen bei der Bezahlung der Praktikanten. So können Sie nach Absprache mit Ihrem zuständigen Arbeitsamt Ihrem Wunschunternehmen vielleicht anbieten, ein für das Unternehmen kostenloses Praktikum zu absolvieren.

Messen

Diverse Messen sind eine gute Möglichkeit, die richtigen Personen eines Unternehmens kennenzulernen. Heutzutage gibt es für viele Branchen eigene Messen.

Meist listen Messeveranstalter vor einem Event jene Unternehmen auf, die auf der Messe vertreten sind, oft auch welche Personen aus dem Unternehmen anwesend sind. Sehen Sie sich diese Liste vorab auf der Website der Messeveranstalter an. Entscheiden Sie aufgrund dessen, wie interessant die Messe für Sie sein kann, vor allem wenn eine längere Anreise notwendig ist.

Neben fachspezifischen Messen gibt es heutzutage auch viele sog. Jobmessen. Diese sind auf Unternehmen mit offenen Stellen und Arbeitsuchende spezialisiert.

In jeder größeren Stadt, sowie in Universitäten bzw. auf Fachhochschulen, finden regelmäßig allgemeine oder fachspezifische Jobmessen statt, die Sie auf jeden Fall besuchen sollten. Meist sind die Personen, die den Messestand betreuen, Mitarbeiter der Personalabteilung und der entsprechenden Fachabteilung des vorgestellten Unternehmens. Sie können Ihnen genaue Auskunft darüber geben, welche Qualifikationen gerade gesucht werden und welche Positionen zur Besetzung ausgeschrieben sind. Bei Besuchen von Jobmessen sollten Sie auch Ihren eigenen Lebenslauf mitführen, sei es in Papierform oder als Datei auf Ihrem Smartphone. Es gibt dort viele Möglichkeiten, sie direkt bei den Entscheidern, den Personalmanagern, abzugeben bzw. sofort nach dem Gespräch zu senden.

Manche Jobmessen sind für die Zielgruppe Studenten ausgeschrieben. Wenn diese trotzdem öffentlich zugänglich sind, keine Scheu! Besuchen Sie die Messe, egal, ob Sie Student sind oder nicht. Jobmessen sind für jeden eine wichtige Informationsquelle.

Bewerbungsvideo

Eine kreative Art der Bewerbung ist die Erstellung eines Bewerbungsvideos. Bewerbungsvideos sind meist kurze Clips, die den Bewerber von der besten, gerne auch einer humorvollen Seite zeigen sollen. Bewerber sprechen im Video über sich und stellen dar, warum sie die richtige Person für einen Job sind. In Unternehmen oder Positionen, wo es um Kreativität, Ausdruck, Innovationskraft und Initiative geht sowie in den Bereichen Verkauf, Marketing, neue Medien, Journalismus und Werbung kann ein Bewerbungsvideo der Schlüssel zum Erfolg sein.

Diese Methode ist aus mehreren Gründen (noch) nicht sehr verbreitet. Nicht jede Person ist mit Videoaufzeichnungen und neuen Medien vertraut, der Videodreh kann sehr zeit- und kostenintensiv sein und es passt oft einfach nicht zum Unternehmen oder einer ausgeschriebenen Stelle, sich per Video zu bewerben. Viele Menschen sind schüchtern, wenn sie aufgezeichnet werden. Das soll natürlich nicht die Seite sein, die man initial einem Unternehmen zeigt.

Wenn Sie jedoch zu den Menschen gehören, die gerne vor der Kamera stehen, Humor mitbringen, mit den neuen Medien vertraut sind und sich von der Masse abheben wollen, ist ein Bewerbungsvideo vielleicht das Richtige für Sie! Achten Sie dabei auf eine kreative und hochwertige Umsetzung.

Orientieren Sie sich bei dem Video an der Zielgruppe. Passen Sie den Stil dem Unternehmen, der Branche und dem Job an.

Inhalt

Das Bewerbungsvideo sollte keine Lesung Ihrer Bewerbungsunterlagen oder eine Aufzählung Ihrer Daten sein. Das Video soll Ihre Motivation für die Position widerspiegeln. So ist es empfehlenswert, in kurzen und prägnanten Sätzen Gründe zu nennen, warum Sie die richtige Person für einen Job sind und warum Sie sich in diesem Unternehmen bewerben. Denken Sie dabei an Ihren Elevator Pitch!

Nach einer kurzen Vorstellung können Sie die wesentlichen Meilensteine Ihrer Vita darstellen. Betonen Sie dabei die Dinge, die für das neue Unternehmen relevant sind. Auch Ihre Ziele, allgemein und für diesen Job, sollten von Ihnen erörtert werden.

Wenn Sie ein Video drehen, ist es empfehlenswert, die eigenen Stärken zu zeigen und nicht nur aufzuzählen. So können Sie in eine geforderte Fremdsprache wechseln, Programmierkenntnisse zeigen oder symbolisch Ihre persönlichen Stärken darstellen, indem man Sie z. B. in Interaktion mit anderen Menschen sieht.

Bereiten Sie Ihren gesprochenen Text schriftlich vor. Achten Sie dabei auf kurze, zusammenhängende Sätze. Im Video darf nicht der Eindruck entstehen, dass Sie Text ablesen, es empfiehlt sich daher, einen Teleprompter zu verwenden. Wenn Sie keinen zur Verfügung haben, hilft gute Vorbereitung!

Technische Voraussetzungen und Rahmenbedingungen

Das Video muss professionell wirken, dabei haben nur die wenigsten professionelles Equipment zur Verfügung. Es kann daher von Vorteil sein, sich an eine Agentur zu wenden, die Sie bei der Umsetzung unterstützt. Vorab können Sie jedoch selbst ausprobieren, ob Sie das Video auch ohne fremde Hilfe professionell wirken lassen können. Wenn Sie im Prozess merken, dass das Video nicht gut genug wird, können Sie immer noch eine Agentur oder einen selbständigen Freelancer mit der Erstellung beauftragen.

» Drehen Sie das Video in hoher Auflösung. Es ist im Nachhinein leichter, eine Datei auf die gewünschte Dateigröße zu komprimieren. Stellen Sie sicher, dass Sie scharfgestellt zu sehen sind.

» Die Dauer des Videos sollte zwei bis drei Minuten nicht übersteigen. Orientieren Sie sich hier an bereits vorhandenen Videos auf diversen Plattformen im Internet und dem **„Elevator Pitch"**, über den Sie im ersten Kapitel lesen können.

» Achten Sie auf die Kameraführung. Das Video darf nicht verwackelt sein, so empfehlen sich fix montierte Kameras. Als Stilmittel können Sie sich natürlich mit der Kamera in der Hand bewegen, aber auch das muss professionell und gewollt aussehen.

» Der Hintergrund darf nicht als störend empfunden werden. Achten Sie hierbei auf Lichtverhältnisse, Sauberkeit in geschlossenen Räumen und Farbwahl. Wenn Sie in der Natur filmen, sollten Sie Tageszeiten wählen, die eine gute Helligkeit mitbringen. Gegebenenfalls können Sie das natürliche Licht auch künstlich mit entsprechenden Lampen und Reflektoren unterstützen.

Versenden des Videos

Ein Video ist in jedem Fall zu groß, um es einfach als E-Mail-Anhang zu versenden. Daher empfiehlt sich das Versenden des Videos im Rahmen der gesamten Bewerbung per Post sowie das Hochladen des Videos auf eine Online-Videoplattform.

Es gibt im Internet viele Plattformen, wo man Videos hochladen kann. Natürlich bedeutet das, dass das Video öffentlich zu sehen ist. Wenn Sie das nicht wollen, suchen Sie nach Anbietern, die Passwörter oder „private Links" anbieten.

Der Vorteil ist, dass Sie in der Bewerbung einen Hyperlink, also einen direkten Link zu Ihrem Video, platzieren können. Der Recruiter muss nur noch auf den Link klicken und sieht Sie gleich in Aktion. Testen Sie Links jedoch immer auf Funktionalität, bevor Sie diese versenden.

Auf dem Postweg können Sie Ihre Bewerbungsmappe mit einer CD oder DVD versehen, auf der das Bewerbungsvideo gespeichert ist. Auch ein USB-Stick ist möglich. Es könnte jedoch sein, dass die Computer beim Unternehmen nicht mehr über CD-/DVD-Laufwerke verfügen. Auch ist es vielen Mitarbeitern von Unternehmen aus Sicherheitsgründen verboten, fremde USB-Sticks anzustecken. Daher empfehle ich, zusätzlich zur Bewerbung einen Weblink zum Video anzuführen. Man muss so nicht unbedingt auf das Speichermedium zugreifen, kann aber das Video trotzdem sehen.

Ergreifen Sie die Initiative

Ihr Wunschunternehmen hat keine ideale Stelle für Sie ausgeschrieben? Macht nichts! Versuchen Sie es mit einer sog. Initiativbewerbung oder Blindbewerbung. So bezeichnet man Bewerbungen, die nicht auf eine bestimmte ausgeschriebene Stelle hin erfolgen, sondern auf Initiative des Bewerbers.

Als Initiativbewerber zeigen Sie aus Unternehmenssicht ein hohes Maß an Motivation und großes Interesse am Unternehmen.

Meist werden Ihre Unterlagen bearbeitet, archiviert und wieder herangezogen, wenn eine passende Stelle frei wird. So sind Sie später potenziellen Konkurrenten um einen Schritt voraus, selbst wenn es zum aktuellen Zeitpunkt nach einer Absage aussieht.

Was ist der Unterschied zwischen einer Initiativbewerbung und der Bewerbung auf einen konkreten Job?

Vor allem für den Bereich der Initiativbewerbungen ist es unabdingbar, konkrete Vorstellungen zu haben und seine eigenen Stärken und Vorteile für das Unternehmen zu präsentieren.

So können Sie konkret darauf eingehen, wie Sie Ihre Ziele, Ihre Stärken und Kompetenzen in dem Unternehmen einbringen und umsetzen wollen.

Setzen Sie sich zuerst mit den Geschäftsfeldern und den Strategien des Unternehmens auseinander. Überlegen Sie sich dann, welche Anforderungen dessen Mitarbeiter erfüllen sollten. Recherchieren Sie, in welche Richtung sich das Unternehmen weiterentwickeln wird. Benennen Sie daraufhin präzise Ihre Stärken und begründen Sie, warum ausgerechnet Sie für das Unternehmen von besonderem Wert sind.

Beziehen Sie sich hierbei auf Fakten, bisherige Tätigkeiten und Erfolge sowie durchgeführte Projekte, die zu dem Unternehmen passen. Sollten Sie noch nicht viel Berufserfahrung mitbringen, benennen Sie Beispiele aus Ihrem Ausbildungs- oder privaten Umfeld.

Vermeiden Sie Floskeln und allzu schwammige Formulierungen. Denken Sie daran, dass Ihr potentieller Arbeitgeber Ihre Bewerbung sinnvoll einordnen muss, um sich im Falle einer passenden Vakanz an Sie zu erinnern.

Geben Sie sich motiviert und voller Elan mit dem Unternehmen einen gemeinsamen, erfolgreichen Weg gehen zu wollen.

Die Bewerbungsmappe für eine Initiativbewerbung sollte neben dem Lebenslauf ein Bewerbungs- bzw. Anschreiben enthalten. Idealerweise fügen Sie noch ein Motivationsschreiben – „die dritte Seite" genannt – hinzu, in dem Sie erneut auf den Wunsch eingehen für gerade dieses Unternehmen tätig werden zu wollen.

SOCIAL MEDIA

SOCIAL MEDIA

„Social Media" ist ein Überbegriff für digitale Medien bzw. Netzwerke und Technologien, die es Nutzern ermöglichen, Inhalte zu erstellen und auszutauschen.

Einerseits gibt es allgemeine Netzwerke, die ohne konkrete Spezialisierung auf bestimmte Themen agieren, wie z. B. Facebook, Twitter oder Instagram. Andererseits gibt es Netzwerke, die einen konkreten Themenbezug haben und sich für bestimmte Zielgruppen positionieren. Im Bereich Karriere haben sich im deutschsprachigen Raum LinkedIn und XING durchgesetzt.

Beide Portale sind als „professionelle Netzwerke" positioniert und konzentrieren sich auf die berufliche Vernetzung der User. Während Ihrer Jobsuche sind Portale wie XING oder LinkedIn von großem Nutzen. Man kann direkt mit Recruitern in Kontakt treten und Jobangebote verschiedenster Firmen einsehen. Weiters haben Unternehmen die Möglichkeit, Kandidaten und Kandidatinnen mithilfe von diversen Suchfunktionen und Filtern (Ausbildung, Berufserfahrung, Ort …) zu finden.

Viele Bewerber nutzen die Angebote von sozialen Netzwerken. Da ist es selbstverständlich, dass die Profile auf dem aktuellsten Stand sind. Wenn sie jedoch einen neuen Job haben, vergessen viele Leute ihr Profil weiter zu pflegen. Vermeiden Sie diesen Fehler!

Professionelle Netzwerke sind eine gute Gelegenheit in Kontakt zu bleiben; mit Geschäftspartnern, aktuellen und ehemaligen Kollegen, Meinungsführern, Recruitern und anderen Personen. Loggen Sie sich also regelmäßig auf den Netzwerkseiten ein. Posten Sie ab und zu einen interessanten Beitrag. Richten Sie sich einen wiederkehrenden Termin im Kalender ein, an dem Sie sich um Ihre Netzwerke kümmern. Um sich sicher und mit Vertrauen in den sozialen Medien bewegen zu können, gibt es genormte Verhaltensregeln für den Umgang in und mit sozialen Netzwerken und Foren, die sog. Netiquette.

Dazu gehören zusammengefasst folgende Normen:

» **Zwischenmenschliches**

Formulierung und Inhalt sollten dem Zielpublikum gegenüber angemessen sein (wird nur eine Person angesprochen oder eine Gruppe, wie gut kennt man sich bereits usw.). Darüber hinaus ist zu bedenken, dass der schriftlichen Kommunikation die Sinngebung durch nonverbale Signale fehlt. Unhöflichkeiten, Doppeldeutigkeiten oder gar Beleidigungen sind auf jeden Fall zu unterlassen. Bleiben Sie bei der Wahrheit.

Auch wenn das Internet eine gewisse Anonymität bietet, sollte man von unwahren Aussagen absehen. Gerade bei der Erstellung eines Profils in einem professionellen Netzwerk müssen Ihre Angaben der Wahrheit entsprechen.

» **Achten Sie auf Lesbarkeit**

Damit sich Nachrichten möglichst gut lesen lassen, sollten sie den gängigen Formulierungs-Richtlinien angepasst sein. Dazu gehören korrekter Satzbau und Rechtschreibung (inklusive Groß-/Kleinschreibung), Zitieren durch Einrücken (mit „>" vor jeder Zeile – und ohne Veränderung des Wortlautes) und Weglassen überflüssiger Informationen. Auch sollte auf unnötige Formatierungen (HTML-Nachrichten) und den übermäßigen Gebrauch von Farben verzichtet werden. Das andauernde Schreiben in GROSSBUCHSTABEN oder in Fettschrift gilt nicht nur als unschön, sondern wird in der Regel als aggressives Schreien interpretiert und sollte daher vermieden werden.

» **Sicherheitseinstellungen**

Je nach Medium können meist alle Personen in einem sozialen Netzwerk eine Nachricht einsehen. Entsprechend sollte man verschweigen, was nicht für Dritte bestimmt ist. In jedem sozialen Netzwerk kann man die „Privacy"- bzw. „Privatsphäre"-Einstellungen bearbeiten und nach eigenen Wünschen festlegen.

» Rechtliches

Je nach Ursprung existieren unterschiedliche Gesetze zur Nutzung von Bildern oder Texten. Im deutschen Sprachraum sind das Urheberrecht und das Zitatrecht zu beachten. Des Weiteren gilt die EU-Datenschutzverordnung, um Daten von Personen zu schützen. Achten Sie also auf diese Richtlinien, wenn Sie über Menschen sprechen oder Inhalte von Dritten posten.

Als allgemein zum Thema „Netiquette" anerkannt gilt die Richtlinie „RFC 1855", welche im Internet kostenlos einseh- und herunterladbar ist.

» Professionell bleiben

Achten Sie bei den Inhalten, die Sie mit Ihrem Netzwerk teilen, auf den Informationsgehalt der Nachricht. Interessante Artikel, Buchempfehlungen, Branchennews sind angebracht. Böse Kommentare über Menschen oder Gegebenheiten, Witze, Comics oder Kommentare ohne Inhalt sind fehl am Platz und sollten unterlassen werden. Politische und religiöse Gesinnungen haben hier ebenfalls nichts verloren.

Durch gute Postings können Sie sich in Ihrem Netzwerk einen Namen machen und somit als Verbreiter von wichtigen Neuigkeiten, Branchenkenner und als jemand der immer auf dem neuesten Stand ist, positionieren.

ERFOLGSFAKTOR NETZWERK – STRATEGISCHE NUTZUNG SOZIALER NETZWERKE

Ein Netzwerk funktioniert nur dann, wenn Sie es aufbauen, erweitern und pflegen. Das gilt natürlich auch und gerade für die karriereorientierten Online-Netzwerke wie LinkedIn und XING.

Starten Sie bei der Profilerstellung mit der Eingabe Ihrer Kontaktdaten und dem Hochladen Ihres Fotos.

Bearbeiten Sie danach Ihre Berufserfahrung und Ausbildung. In einem separaten Textfeld können Sie eine Zusammenfassung bzw. Schlüsselwörter, die Ihre Person beschreiben, einfügen. Diese Informationen sehen Ihre Profilbesucher meist zuerst. Hier ist es wichtig Schlüsselinformationen auf den Punkt gebracht zu kommunizieren.

Geben Sie auch Kenntnisse und Qualifikationen an, über die Sie verfügen. Hier gilt: mehr ist mehr. Je mehr Qualifikationen Sie angeben, desto eher werden Sie mithilfe dieser Begriffe von Unternehmen gefunden. Auch das Schreiben bzw. Erhalten von Empfehlungen gehört zu einem guten Profil. Andere Kontakte haben zudem auf LinkedIn die Möglichkeit, Ihnen diese Kenntnisse zu bestätigen.

> Weitere Tipps für ein herausragendes Profil geben Ihnen die Social-Media-Sites, während Sie an Ihrem Profil arbeiten. Darüber hinaus können Sie diversen Gruppen beitreten, sich daran aktiv beteiligen und Meinungsbildnern sowie Unternehmen folgen. So bleiben Sie immer über die neuesten Trends, Nachrichten und Jobangebote informiert.

Der nächste wesentliche Faktor ist Ihr persönliches Netzwerk. Dieses sollte qualitativ hochwertig und adäquat groß sein.

Suchen Sie Kontakte aus ehemaligen und dem aktuellen Unternehmen, aus Schule und Studium sowie sonstigen Events, Seminaren etc.

Durchforsten Sie auch Ihre erhaltenen Visitenkarten und vernetzen Sie sich mit Personen online.

Soziale Netzwerke schlagen Ihnen auch Personen vor, die Sie vielleicht kennen. Gerade in professionellen Netzwerken ist es üblich, auch neue Kontakte mit Recruitern, Branchenkollegen und -kolleginnen sowie Personen zu knüpfen, auch wenn Sie diese nur flüchtig kennengelernt haben.

Schreiben Sie hierzu in die Einladungsnachricht ein paar nette Worte, gegebenenfalls was Sie sich von dem Kontakt erhoffen und auch was sich Ihr Kontakt erwarten kann. Wieder gilt es, kurz und knapp das Wesentliche zu formulieren.

Gestaltung Ihres Profils

Wenn Sie auf einem Social-Media-Portal ein Profil anlegen, werden Sie üblicherweise bei der Erstellung durch die einzelnen Schritte geleitet. Weitere allgemeine Hinweise finden Sie auch auf den entsprechenden Karriere-Webseiten oder Online-Lernplattformen (z. B. www. linkedin. com/learning)   oder kostenlosen Videoseiten (z. B. www.youtube.com).

Im folgenden Abschnitt gehen wir auf die inhaltliche Gestaltung ein, um Ihr Profil zu einem Top-Profil für Arbeitgeber, Recruiter und Ihre Geschäftskontakte zu machen.

Die Anleitungen und Tipps beziehen sich auf die Karriereportale LinkedIn (www.linkedin.com) und XING (www.xing.de).

Updates während Änderungen

Bevor Sie Ihr Profil erstellen oder ändern, schalten Sie in Ihren Einstellungen zu allererst die „permanenten Updates bei Änderungen" aus. Wenn Sie das nicht machen, kann Ihr Netzwerk über jeden Schritt informiert werden, den Sie in Ihrem Profil durchführen.

» **LinkedIn**

Bei LinkedIn finden Sie unter „Mein Profil" bzw. „Sie" den Menüpunkt „Einstellungen & Datenschutz".

Im Menüpunkt „Datenschutz" können Sie unter „Profiländerungen" deaktivieren, dass Sie die Änderungen an Ihrem Profil mit Ihrem Netzwerk teilen wollen.

» **XING**

Bei XING finden Sie unter dem Zahnrad-Symbol den Menüpunkt „Einstellungen".

Im Menüpunkt „Einstellungen" klicken Sie auf den Reiter „Privatsphäre". Dort können Sie im Punkt „Ihre Aktivitäten" nach dem Klicken auf „Aktualisierungen" auswählen, über welche Neuigkeiten Ihr Netzwerk (zum Zeitpunkt der Veränderung des Profils) informiert werden soll.

> Aktivieren Sie diese Funktion erneut, wenn Sie die Bearbeitung Ihres Profils abgeschlossen haben. Verändern Sie danach im Profil als abschließenden Schritt ein weiteres Kriterium, z. B. die „aktuelle Position". Es reicht lediglich ein weiteres Detail hinzuzufügen. Danach informiert das soziale Netzwerk Ihre Kontakte automatisch über Veränderungen an Ihrem Profil. Vor allem Positionswechsel und abgeschlossene Aus- und Weiterbildungen sind interessant und regen Personen an Ihre Seite zu besuchen.

Foto

Bevor Menschen Ihre Inhalte in sozialen Netzwerken lesen, sehen sie Ihr Foto. Umso entscheidender ist es, dass dieses ausdrucksstark, freundlich, kompetent aber natürlich ist. Leichter gesagt als getan?

Natürlich können Sie ein Foto von einem Fotografen professionell erstellen lassen. Wenn Sie sich dafür entscheiden, recherchieren Sie gute Fotografen, fragen Sie bei Personen nach, deren (gute) Portraitfotos Sie gesehen haben und vereinbaren Sie einen Termin. Je nach Dauer des Shootings und Anzahl der erhaltenen Bilder kostet Sie dies wahrscheinlich zwischen 50 € und 300 €.

> Um sich Geld zu sparen und vertrauter mit der Kamera zu werden, ist es meine Empfehlung, zuerst privat Fotos machen zu lassen. Sie haben garantiert eine Person in Ihrem Freundeskreis, die Hobbyfotograf ist oder einfach gerne fotografiert, idealerweise mit einer guten Kamera. Suchen Sie sich einen hellen Ort und probieren Sie verschiedene Hintergründe, Posen und Kleidung aus.

Wählen Sie sowohl ein legeres als auch ein Business-Outfit, spielen Sie mit Accessoires (mit/ohne Brille bei Brillenträgern, Frisur, dezenter Schmuck etc.) und mit dem Gesichtsausdruck (lachen, lächeln, mit/ohne Zeigen von Zähnen, ernster Blick, von vorne oder im Profil etc.).

Beachten Sie für ein gelungenes Portraitfoto folgende Tipps:

- » Lassen Sie den Fotografen nahe heran. Portraitfotos werden besonders schön, wenn das Foto aus der Nähe geschossen wird.
- » Vermeiden Sie „komische" Posen. Die verschränkten Arme auf Businessfotos sehen nicht nur gekünstelt aus, sondern vermitteln keinesfalls den kompetenten Ausdruck, den Sie damit erzeugen wollen. Irgendwo anlehnen, hinsetzen, aufstützen, auflehnen reicht meist schon für verschiedene Ausdrücke.

- » Sprechen Sie mit Ihrem Fotografen. Das lockert die Stimmung auf und während Sie sprechen, können gute Fotos entstehen.
- » Suchen Sie sich verschiedene Orte aus, wählen Sie unterschiedliche Hintergründe und gehen Sie auch gerne mal herum.
- » An einem sonnigen Tag suchen Sie sich, wenn Sie draußen fotografieren, am besten einen Schattenplatz. Das Licht ist gleichmäßiger, Kontraste nicht so stark und es gibt keine sonnenüberstrahlten Flächen. Wenn das nicht möglich ist, sollten Sie in der Sonne stehen. So hat Ihr Gesicht eine gleichmäßige Ausleuchtung. Achten Sie nur darauf, Ihre Augen offen zu halten!
- » Im Tageslicht erzielt man auch schöne Portraits, wenn man das Fenster als Lichtquelle nutzt.

Headline

Auf Ihrer Profilseite neben bzw. unter Ihrem Foto steht in einer Headline eine Kurzbeschreibung Ihrer Person. Diese sollte dem Leser kurz und prägnant sagen, was Sie machen.

Üblicherweise sieht man hier den Job-Titel und das Unternehmen/den Arbeitsort der Person

- » Finanzmanager bei Firma XY in Wien
- » Einkäuferin in der Kleidungsbranche
- » Marketing-Spezialist bei Agentur XY

Um aus der Masse herauszustechen, sollten Sie sich etwas Besonderes einfallen lassen. Sehen Sie sich hierzu Profile von bekannten Personen, Meinungsbildnern, Journalisten etc. an und versuchen Sie einen ähnlichen Stil für Ihre Headline zu verwenden.

> Ein weiterer Ansatz ist es, eine **„Call-To-Action"**-Headline zu kreieren. Das bezweckt, dass man Sie nach dem Lesen Ihrer Headline kontaktieren, Ihr Profil näher ansehen und Sie kennenlernen will. So eine Headline kann unterschiedlich aussehen, von der Telefonnummer bis zur URL ist alles möglich. Wichtig ist nur, dass sich ein Effekt einstellt, der eine bestimmte Handlung provoziert. Wer hier also kreativ ist, wird belohnt.
>
> » **Neugierig? Schreiben Sie mir unter name@mail.com**
> » **Rufen Sie Ihren neuen Mitarbeiter an: 0123 456789**

Kurzprofil

Im Kurzprofil werden Ihre berufsrelevanten Eckdaten umrissen. Sie können das in wenigen (!) Sätzen, einer Aufzählung oder Ähnlichem darstellen. Hier ist zu beachten, dass Sie Schlüsselbegriffe eingeben, mit denen Sie identifiziert werden wollen.

Wenn Recruiter nach Kandidaten suchen, suchen sie nach bestimmten Keywords, z. B. nach gewissen Qualifikationen, Skills, Branchen etc. Sie sollten Ihre persönlichen Keywords kennen und sie entsprechend in Ihr soziales Profil einpflegen.

Kontaktinformationen („Biete" – „Suche")

Im Feld „Kontaktinformationen" haben Sie die Möglichkeit, eine Nachricht für den Leser zu hinterlassen. Schreiben Sie hier, welche Tätigkeiten Sie interessieren und geben Sie Ihre Kontaktdaten an (z. B. E-Mail-Adresse, Telefonnummer). Achten Sie darauf, Ihren Leser direkt anzusprechen.

> „Ich interessiere mich für neue Tätigkeiten in den Bereichen Marketing und Projektmanagement. Vernetzen wir uns, ich freue mich auf spannende Projekte!"

Werdegang

Verwenden Sie eine konkrete Ausdrucksweise, wenn es um Ihren Werdegang geht. Schreiben Sie die genaue Jobbezeichnung, das Unternehmen und Ihre Haupttätigkeiten in die entsprechenden Felder. Konzentrieren Sie sich vor allem auf die Tätigkeiten, die Sie auch in Zukunft ausführen wollen.

Die aktuellsten Tätigkeiten und Aus- sowie Weiterbildungen sollten am ausführlichsten behandelt werden. Führen Sie auch ehrenamtliche Tätigkeiten auf oder laden Sie (öffentlich zugängliche) Dateien von Projekten oder Arbeitsproben, sogenannte Referenzen, hoch. Je mehr Inhalte Sie einfügen, desto besser wird Ihr Profil bewertet werden und von den richtigen Personen und Unternehmen gefunden.

> Als **„Referenzen"** werden einerseits Arbeitsproben von Kreativen (aus den Bereichen Grafikdesign, Architektur etc.) verstanden, andererseits Referenzpersonen. Diese Referenzpersonen sollten Ihre ehemaligen Arbeitgeber und direkten Vorgesetzten sein, die das neue Unternehmen kontaktieren kann, um sich von Ihren Kompetenzen zu überzeugen. Referenzpersonen können Sie als eigenen Punkt oder direkt bei Ihrem Werdegang bei dem entsprechenden Unternehmen mit Namen und Telefonnummer anführen.

Optimierung des Profils

Um Ihr Profil abzurunden, sollten Sie auf jeden Fall Ihre Kernkompetenzen herausheben. Professionelle Netzwerke haben eigene Bereiche, wo Sie Ihre Kenntnisse oder Skills angeben können. Benutzen Sie hierfür gute Keywords und schreiben Sie die Wörter auf, mit denen Sie beruflich verbunden werden wollen.

Jobsuche mit LinkedIn und XING

Es ist nur eine Seite von karriereorientierten Social-Media-Diensten als „passiver Kandidat" auf Jobangebote zu warten. Viele Unternehmen nutzen mittlerweile die Jobbörsen von LinkedIn und XING, um ihre offenen Stellenangebote zu posten.

Besuchen Sie die Jobbörse der jeweiligen Seite und verfeinern Sie Ihre Suche, indem Sie zum Beispiel gewünschte Stellenbezeichnungen, Arbeitsorte etc. eingeben. In vielen Portalen können Sie sog. Suchfilter für spätere Anfragen speichern. Zudem können Sie sich auch in bestimmten Zeitabständen E-Mails mit Stellenangeboten, passend zu Ihren Suchkriterien, senden lassen.

LinkedIn bietet auch bei manchen Inseraten die Möglichkeit, sich direkt mit dem LinkedIn-Profil zu bewerben. Sollten Sie diese Option wählen, achten Sie auf die Vollständigkeit und Aktualität Ihres Profils.

> Bei LinkedIn können Personen Kenntnisse und Fähigkeiten anderer Menschen im Netzwerk bestätigen. Entweder besucht man direkt die Seite des Kontaktes, dessen Kenntnisse man bestätigen will, oder das Netzwerk fordert in einem Fenster dazu auf. Bestätigen Sie gerne die Kenntnisse Ihrer Kontakte, aber natürlich nur, wenn Sie wissen, dass die Person auch über diese Fähigkeiten verfügt. Sollten Sie nicht wissen, ob ein Kontakt gewisse Kenntnisse besitzt, müssen Sie auch nichts bestätigen.

DIE SCHRIFTLICHE BEWERBUNG

DIE SCHRIFTLICHE BEWERBUNG

Sie denken, dass Ihre Bewerbung bloß eine Beschreibung Ihrer Person, Erfahrungen und Expertise ist? Denken Sie um! Die Bewerbung ist ein strategisches Dokument. IHR strategisches Dokument. Behandeln Sie es so beim Verfassen, bei der Auswahl der Unternehmen, bei denen Sie sich bewerben und beim Jobinterview. Konzentrieren Sie sich immer darauf, dass Sie vermitteln, was Sie wirklich wollen und was Sie dem Unternehmen für einen Mehrwert bringen. Denken Sie mit den Köpfen der Zielgruppe!

Aber um all diese Mittel wirklich effektiv nutzen zu können, benötigen Sie eine Bewerbung, die heraussticht. Dies ist das Hauptthema dieses Abschnittes und ein wesentlicher Schritt in Ihrem gesamten Bewerbungsprozess.

KOMPONENTEN EINER SCHRIFTLICHEN BEWERBUNG

> „Wir freuen uns auf Ihre aussagekräftige Bewerbung inkl. Lebenslauf."
>
> „Senden Sie uns Ihre Bewerbungsunterlagen per E-Mail zu."
>
> „Überzeugen Sie uns mit Ihrer Online-Bewerbung inkl. Foto."

Das sind nur einige Beispiele von Aufforderungen, die oftmals unter den Jobanzeigen stehen. Meist kann ein Bewerber jedoch nicht so einfach herauslesen, was tatsächlich gefordert wird.

Versetzen Sie sich in die Lage eines Personalmanagers: Wie könnte Sie eine Person überzeugen, sodass Sie zum Telefon greifen und diese Person kennenlernen wollen? Was wollen Sie lesen, hören und sehen?

Eine Bewerbung besteht mindestens aus einem Lebenslauf, daher – und aus vielen anderen Gründen, die ich später erläutern werde – ist das Ihr wichtigstes Dokument. Hier beschreiben Sie Ihre berufliche Laufbahn, Tätigkeitsgebiete, die Sie beherrschen, Ihre Erfahrungen und Erfolge, die Sie Ihren ehemaligen Unternehmen gebracht haben, Ihren Aus- und Weiterbildungsweg und Kompetenzen, die Sie mitbringen. Der Lebenslauf sollte die Länge von drei A4-Seiten nicht überschreiten.

Das nächste wichtige Dokument ist das Bewerbungsschreiben (oder „Anschreiben"), ein „persönlicher Brief" an das Unternehmen bzw. dessen Personalmanager – auch „Cover Letter" genannt - hier erklären Sie (auf einer A4-Seite), warum Sie sich gerade bei diesem Unternehmen bewerben und warum genau Sie die nötigen Qualifikation für den ausgeschriebenen Job mitbringen.

Das „Motivationsschreiben", begrifflich oft „die dritte Seite" genannt, ist ein weiteres Dokument, das Sie beilegen können, das jedoch nicht immer dezidiert verlangt wird. Im Motivationsschreiben demonstrieren

> In manchen Job-Ausschreibungen verlangt die Firma nach einem **„Motivationsschreiben und Lebenslauf"**. In diesem Fall ist es meist so, dass ein Bewerbungsschreiben und nicht das klassische Motivationsschreiben gemeint ist. Im Zweifel können Sie telefonisch nachfragen, beide Dokumente beilegen oder das Bewerbungsschreiben entsprechend umformulieren.

Sie noch einmal genauer, warum Sie die perfekte Wahl für diesen Job sind, welche Soft Skills Sie in Ihrem bisherigen Werdegang nutzen konnten, warum Sie einen Mehrwert für das Unternehmen darstellen etc. Vielleicht gibt es Beispiele aus vergangenen Dienstverhältnissen, die Sie näher beschreiben können, um Ihre Qualifikation für den ausgeschriebenen Job zu untermauern. Dieser Text sollte ebenfalls auf einer A4-Seite seinen Platz finden.

Wenn danach verlangt wird, können Sie auch diverse Zeugnisse und Qualifikationsnachweise beilegen. Diese sind nicht nur wichtige Dokumente, wenn es um die Bewerbung selbst geht, sondern auch in weiterer Folge für Ihre Entlohnung.

Zu all diesen Dokumenten empfehle ich Ihnen, ein Deckblatt im Stil der Bewerbung zu erstellen. Dieses rundet das Dokument ab und erlaubt Ihnen, Ihre Bewerbungsunterlagen als Mappe, also als (PDF-)Dokument zu verschicken. Selbst wenn Sie nur den Lebenslauf senden, kann dieser mit einem aussagekräftigen Deckblatt versehen werden.

Zusammengefasst gilt also folgende Reihenfolge für Dokumente:

- » **Deckblatt**
- » **Bewerbungsschreiben**
- » **Lebenslauf**
- » **Motivationsschreiben**
- » **Zeugnisse**

Bevor ich jedoch auf die einzelnen Komponenten, deren Inhalte und formale Richtlinien eingehe, sei gesagt, dass auch subjektive Eindrücke der Bewerbung zählen. Dazu gehören der Stil, das Foto, die verwendete Schriftart und natürlich der rote Faden, der sich durch die Bewerbung ziehen sollte. Daher beschreibe ich vorab das Gerüst, auf dem Sie Ihre Bewerbung in Folge aufbauen können.

DESIGN DER BEWERBUNG

In einer professionellen HR-Abteilung steht der Inhalt einer Bewerbung im Vordergrund. Das setzt voraus, dass der stilistische Aufbau es zulässt, den Lebenslauf flüssig lesen zu können. Die optische Darstellung der Bewerbungsunterlagen ist mitentscheidend, jedoch sollte das Design der Bewerbung bei Jobs, die nicht dem kreativen Bereich zugeschrieben werden, den Inhalt nicht dominieren. Zudem sollte es zu Ihrer Person und eben der Jobausschreibung passen.

Verfolgen Sie für die gesamte Bewerbungsmappe einen Stil.

Schriftarten

Einen wesentlichen Teil des verständlichen Lesens macht die Schriftart aus. Dazu sei vorab gesagt, dass Sie die allgemeine Lesbarkeit Ihrer Bewerbung gewährleisten sollten. Bedienen Sie sich der MS Word-Standardschriften oder „Google Fonts". Diese Schriftarten werden in der Regel korrekt angezeigt und sind daher in den meisten Systemen lesbar. Im Zweifel können Sie Ihre gewählte Schriftart auch in ein PDF-Dokument einbetten – es ist aber nicht sicher, ob der PC Ihres Gegenübers diese (aus Sicherheitsbestimmungen) auch anzeigen bzw. installieren darf.

Sehen Sie davon ab, eigens eine Schrift für eine Bewerbung zu erwerben, um die Einzigartigkeit Ihrer Bewerbung zu unterstreichen. Das macht – wenn überhaupt – nur dann Sinn, wenn Sie die Bewerbung ausdrucken und somit gewährleisten, die richtige Schriftart auch angezeigt zu bekommen.

Als Schriftgröße für den Haupttext empfehle ich, mindestens Größe 11 zu wählen. Die herkömmlichen Schriftarten Arial und Times New Roman gelten als verstaubt, so können Sie sich alternativ folgender, empfohlener Schriftarten bedienen:

VERDANA

12: Diese Schriftart heißt Verdana und das ist Schriftgröße 12.

11: Diese Schriftart heißt Verdana und das ist Schriftgröße 11.

10: Diese Schriftart heißt Verdana und das ist Schriftgröße 10.

CALIBRI

12: Diese Schriftart heißt Calibri und das ist Schriftgröße 12.

11: Diese Schriftart heißt Calibri und das ist Schriftgröße 11.

10: Diese Schriftart heißt Calibri und das ist Schriftgröße 10.

CALIBRI LIGHT

12: Diese Schriftart heißt Calibri light und das ist Schriftgröße 12.

11: Diese Schriftart heißt Calibri light und das ist Schriftgröße 11.

10: Diese Schriftart heißt Calibri light und das ist Schriftgröße 10.

GARAMOND

12: Diese Schriftart heißt Garamond und das ist Schriftgröße 12.

11: Diese Schriftart heißt Garamond und das ist Schriftgröße 11.

10: Diese Schriftart heißt Garamond und das ist Schriftgröße 10.

GEORGIA

12: Diese Schriftart heißt Georgia und das ist Schriftgröße 12.

11: Diese Schriftart heißt Georgia und das ist Schriftgröße 11.

10: Diese Schriftart heißt Georgia und das ist Schriftgröße 10.

CAMBRIA

12: Diese Schriftart heißt Cambria und das ist Schriftgröße 12.

11: Diese Schriftart heißt Cambria und das ist Schriftgröße 11.

10: Diese Schriftart heißt Cambria und das ist Schriftgröße 10.

GILL SANS MT

12: Diese Schriftart heißt Gill Sans MT und das ist Schriftgröße 12.

11: Diese Schriftart heißt Gill Sans MT und das ist Schriftgröße 11.

10: Diese Schriftart heißt Gill Sans MT und das ist Schriftgröße 10.

HELVETICA

12: Diese Schriftart heißt Helvetica und das ist Schriftgröße 12.

11: Diese Schriftart heißt Helvetica und das ist Schriftgröße 11.

10: Diese Schriftart heißt Helvetica und das ist Schriftgröße 10.

Um optische Unterscheidungen innerhalb der Bewerbung vorzunehmen (z. B. bei Überschriften, Zusatzinformationen etc.), können Sie als Schriftfarben verschiedene Grau-Nuancen statt unterschiedlicher Farben wählen. So ist gewährleistet, dass Ihre Bewerbung schwarz–weiß ausgedruckt so aussieht, wie Sie es geplant haben.

Das Foto

In Ländern, die das rechtlich zulassen, ist es üblich, Bewerbungen mit Fotos zu versehen. Das ist meist ein Vorteil für den Bewerber oder die Bewerberin, da das die Bewerbung wieder vermenschlicht, etwas „bunter" macht und sich der Personalmanager ein Bild vom Kandidaten machen kann.

Alles gut, solange das Foto passend ist – doch was macht ein gutes Foto aus? Sie können hier nochmal im **Kapitel „Social Media" – Foto** nachlesen. Zur Erinnerung hier nochmal die wichtigsten Punkte:

» **Portraitfoto:**
Portraitaufnahmen in guter Qualität vor neutralem, hellem Hintergrund. Wenn Sie auf Nummer sicher gehen wollen, können Sie dafür zu einem professionellen Fotografen gehen, das muss aber nicht unbedingt sein. Mit einer guten Kamera und dem richtigen Licht können Sie auch selbst gute Fotos erstellen.

» **Sympathischer, aber kompetenter Gesichtsausdruck:**
Seien Sie aufgeschlossen und freundlich, Sie freuen sich auf den neuen Job. Mit diesem Bild kann Sie der Personalmanager vielleicht bereits in der neuen Abteilung sehen. Vermitteln Sie Kompetenz und Stärke – ein klarer Blick in die Kamera, ein leichtes Schmunzeln, Kopf und Kinn nach oben.

» **Natürlichkeit:**
Kleidung und Styling (Make-up, Frisur) sollten der Branche angepasst sein und dem Business-Look entsprechen. Vermeiden Sie aufdringliche Muster und wählen Sie – wenn überhaupt – dezenten Schmuck. Erscheinen Sie gepflegt; gewaschene Haare und eine frische Rasur sind selbstverständlich.

» Absolut **ungeeignet sind Urlaubsbilder, Party-Bilder** (also stark geschminktes Auftreten, Gläser in der Hand, eine Party im Hintergrund etc.), unfreundlich wirkende Passfotos, erotische Bilder (außer es geht um einen Job in der Erotikbranche ...), Bilder zu zweit oder mit mehreren Personen etc.

Sehen Sie sich auf den Netzwerkseiten LinkedIn und XING die Fotos der Mitglieder, vor allem der sogenannten „LinkedIn Influencer" an. Nutzen Sie diese Fotos als Inspiration und Guideline für Ihre Fotos.

DAS DECKBLATT

Wenn Sie ein Deckblatt für Ihre Bewerbungsmappe verwenden, können Sie auswählen, welche Informationen Sie auf den ersten Blick vermitteln wollen. Darüber hinaus rundet es Ihre Bewerbungsmappe ab und bringt sie in Form.

Das Deckblatt sollte sehr einfach gestaltet sein und mit wenigen Worten auskommen. Auf Ihrem Deckblatt können Sie auf einen Blick Ihre Kontaktdaten, Ihr Berufsziel („Bewerbung als …") und durch Ihr Foto einen ersten Eindruck von sich vermitteln. Fügen Sie zusätzlich ein „Kurzprofil" hinzu. Das sind Ihre persönlichen sowie beruflichen Meilensteine in Form von Phrasen bzw. Stichwörtern. Verwenden Sie maximal fünf Aussagen aus den Bereichen Berufserfahrung, Ausbildung, methodische und persönliche/ soziale Kompetenzen.

Folgende Phrasen können Ihnen helfen, Ihr eigenes Kurzprofil zu definieren:

Berufserfahrung:

- » **Langjährige Erfahrung** in der Kundenbetreuung sowie derzeitige Verantwortung für über 800 Mitarbeiter/-innen in 34 Niederlassungen
- » **Solide Berufs- und Führungserfahrung** in leitenden Funktionen
- » **Erste einschlägige Berufserfahrung** im Bereich Management
- » **Berufliche Schwerpunkte in den Bereichen** operatives und strategisches Management, Budgetierung, Onboarding und Schulungen im Bereich Personalmanagement
- » **Projektmanager** mit internationaler Erfahrung
- » **Führungspersönlichkeit mit langjähriger** Erfahrung im Einzelhandel/B2B-Bereich/Branche X

Aus-/Weiterbildung:

- » **Abgeschlossenes Studium** der Rechtswissenschaften
- » **Lehrabschluss** als Bürokaufmann
- » **Abgeschlossene Ausbildung** im Bereich Elektrotechnik
- » **Ausbildung** im Bereich Kindergartenpädagogik
- » **Laufende Weiterbildung** im Bereich Projektmanagement
- » **Fundierte Ausbildung** in den Bereichen Betriebswirtschaft, Rechnungswesen & Datenverarbeitung

Methodische Kompetenzen:

- » Projekt-, Programm- und Prozessmanager mit internationaler Erfahrung
- » Meine Schwerpunkte: Operatives und strategisches Management, Budgetierung, Onboarding und Schulungen im Bereich Personalmanagement
- » Überzeugendes und kompetentes Auftreten bei Präsentationen vor vielen Menschen inkl. Methodenkompetenz und didaktisch durchdachter Umsetzung

Soziale/Persönliche Kompetenzen:

- » **Zuverlässiger** Ansprechpartner für Mitarbeiter, Kunden und externe Geschäftspartner
- » **Verhandlungsstarker** Umsetzer mit **Freude** an der Arbeit mit Menschen
- » **Hohe Problemlösungsorientierung** mit **exzellenten** Organisationsfähigkeiten
- » **Kompetente** Führungspersönlichkeit mit **ausgeprägten** kommunikativen Fähigkeiten
- » Motivierte, lernbereite & einsatzfreudige Persönlichkeit

Hier sehen Sie zwei Beispiele für ein gelungenes Deckblatt:

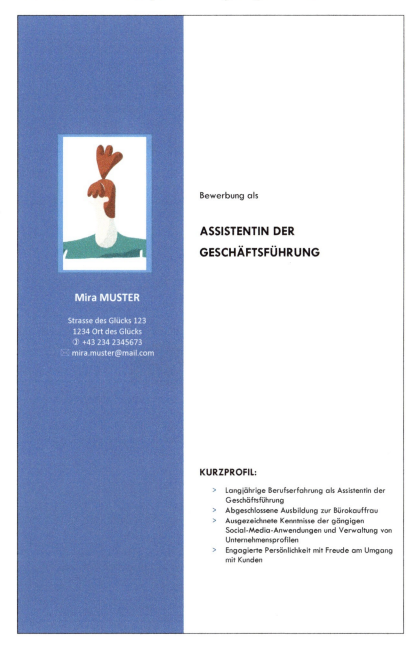

Initiativbewerbung

im Bereich

Webdesign & Development

Max MUSTER, B.Sc.
☎ +43 234 23456234
✉ max.muster@mail.com

KURZPROFIL

- Umfassende Berufserfahrung als Webdesigner & im Webdevelopment
- Ausgezeichnete Programmier- und Grafikkenntnisse
- Fundierte Anwenderkenntnisse der Programme Adobe Photoshop, Illustrator, InDesign
- Passion und Fachwissen für die Bereiche E-Commerce, Online-Marketing, Grafik, Advertising & Content-Management

DAS BEWERBUNGSSCHREIBEN

Das Bewerbungsschreiben, bzw. Anschreiben, ist meist der erste „persönliche" Kontakt zu dem Unternehmen Ihrer Wahl.

Dieses Dokument ist gleichermaßen ein persönlicher Brief an das Unternehmen sowie eine Kurzdarstellung Ihrer Person. In der Regel ist dies das Erste, das gelesen wird, sobald der Personalmanager Ihre Bewerbungsmappe öffnet.

Im Bewerbungsschreiben werden der Grund Ihrer Bewerbung, Ihre relevanten Ausbildungs- und Berufserfahrungen sowie Ihre Persönlichkeit auf einer A4-Seite beschrieben. Für viele Bewerber und Bewerberinnen ist die Erstellung eines Bewerbungsschreibens der schwierigste Teil der gesamten Bewerbung, da sie es nicht gewohnt sind sich selbst durch ein ansprechendes Selbstbild zu vermarkten. Daher zeige ich Ihnen im folgenden Abschnitt Punkt für Punkt den Aufbau eines formal und inhaltlich korrekten und aussagekräftigen Bewerbungsschreibens. Am Ende des Kapitels finden Sie ein konkretes Beispiel, das sich auf eine Stellenanzeige bezieht. Starten wir nun mit den Grundlagen.

Gesamtlänge

Sie haben den Platz einer A4-Seite, um Ihr Wunschunternehmen davon zu überzeugen, dass Sie die richtige Person für den Job sind.

Generell gilt: kurze, präzise Sätze, lebendiger Schreibstil und die klassische Form eines Geschäftsbriefes. Wenn Sie in Ihrer Bewerbung ein spezielles Design verwenden, wird das Bewerbungsschreiben natürlich auch diesem Design angepasst. Bei der Verwendung einer Adress-Kopfzeile kann somit auch der klassische Briefkopf wegfallen.

Briefkopf – Sender und Empfänger

Jeder offizielle Brief, so auch Ihr Brief an das Unternehmen, beginnt mit den Daten des Senders und des Empfängers. Ein Bewerbungsschreiben unterliegt, so wie in der Regel alle geschäftlichen Briefe, einer genormten Formatvorlage. Diese ist im deutschen Sprachraum unter der Richtlinie DIN 5008 zusammengefasst.

Zu Beginn des Schreibens werden Ihre Daten angeführt:

> **Titel Vorname Nachname** *(Achtung: manche Titel stehen nach dem Namen, wie „M. Sc.", „Bakk." etc.)*
> **Strasse**
> **Postleitzahl Ort**
> **Telefonnummer**
> **E-Mail-Adresse**

Beispiel:

> **Dr. Maximilian Muster**
> Musterstrasse 12
> 12345 Musterstadt
> Tel.: +49 123 123456
> E-Mail: max.muster@email.com

Fügen Sie Titel, Name, Adresse, Postleitzahl, Ort, E-Mail-Adresse und Telefonnummer ein. Achten sie bei der E-Mail-Adresse auf Sinnhaftigkeit. Erstellen Sie sich bei Bedarf eine eigene E-Mail-Adresse, die nur den Bewerbungen gilt, als Beispiel „ vorname.nachname@mail.com" oder „a.nachname@mail.com" etc. Vermeiden Sie besonders witzige, kryptische, phantasiehafte Adressen!

Wenn Ihr Bewerbungsdesign eine Kopfzeile mit Ihren Adressdaten vorsieht, ist es nicht notwendig, diese Daten erneut zu schreiben.

```
Mira Muster, B. Sc.
Musterweg 189
10345 Musterstadt
Tel.: +49 123 123456
E-Mail: mira.muster@email.com


An Firma
Musterfirma GmbH
Frau Prof. Helene Beispiel
Musterstrasse 12
12345 Musterstadt




                                                    Wien, im Februar 2019

Bewerbung als Personalmanagerin (Stellenanzeige 123 von Ihrer Website)
```

```
                        Mira Muster, B. Sc.
               Musterweg 189, 10345 Musterstadt
           Tel.: +49 123 123456, E-Mail: mira.muster@email.com


An Firma
Musterfirma GmbH
Frau Prof. Helene Beispiel
Musterstrasse 12
12345 Musterstadt




                                                    Wien, im Februar 2019

Bewerbung als Personalmanagerin (Stellenanzeige 123 von Ihrer Website)
```

Danach werden die Daten des Empfängers, also Name des Unternehmens, Adressat (Name der empfangenden Person, wenn diese bekannt ist), Adresse, Postleitzahl und Ort, angegeben.

Achtung:
laut neuer Richtlinie schreibt man „zu Handen" bzw. „z. Hd." nicht mehr in einen Brief.

Firmenname *(Achtung auf korrekten Firmenwortlaut)*
Name der empfangenden Person oder Abteilung
(Achtung auf etwaige Titel der Person)
Strasse
Postleitzahl Ort

Beispiel:

An Firma
Musterfirma GmbH
Frau Prof. Helene Beispiel
Musterstrasse 12
12345 Musterstadt

Betreffzeile – was ist der Inhalt dieses Briefs?

Die Betreffzeile dient zur besseren Orientierung des Lesenden. Heutzutage ist es nicht mehr üblich, das Wort „Betreff:" in diese Zeile zu schreiben, jedoch ist es notwendig, dem Empfänger die Zuordnung dieses Bewerbungsschreibens zu erleichtern. Daher fügen Sie eine Zeile mit einer passenden Beschreibung ein:

Inhalt des Betreffs:

» Grund des Schreibens:
„Bewerbung als … ", „Initiativbewerbung im Bereich … " etc.

» Wenn es eine Ausschreibung gibt, erwähnen Sie hier die Quelle:

» „ … Anzeige vom xx.xx.xxxx", „Anzeigennummer 123 vom Portal website.com", „…Ausschreibung in der Zeitung, auf Ihrer Website etc."

Beispiel:

Bewerbung als Assistenz der Geschäftsführung (Ihre Anzeige vom Portal website.com, Anzeigennummer 457)

Fügen Sie sofern vorhanden immer die Quelle des Inserats und eine etwaige Referenznummer ein:

"Bewerbung als Assistentin der Geschäftsführung, (bezugnehmend auf das Inserat mit Referenznummer 12345 der Tageszeitung vom 2.1.2019)".

Wenn die Bewerbung einer Empfehlung oder einem Gespräch folgt, können Sie sich auf den Gesprächspartner beziehen:

"Bewerbung als Sachbearbeiterin bezugnehmend auf das Gespräch mit Max Muster im Rahmen der Berufsmesse am 2.1.2019"

"Bewerbung als Buchhalter bezugnehmend auf das Gespräch/auf Empfehlung mit/von Max Muster (vom 2.1.2019)"

Ort/Datum

Am rechten Rand des Schreibens werden Ort- und Datumsangaben platziert. Achten Sie immer auf die Aktualität des Datums, fast alle Textverarbeitungsprogramme haben eine Möglichkeit des automatischen Aktualisierens im Angebot.

Sie können anstatt des konkreten Datums auch nur den aktuellen Monat verwenden:

Ort/Datum:

» Tagesaktuelles Datum (evtl. mit Hilfe von „automatischer Datumsaktualisierung" in textverarbeitenden Programmen wie MS Word)

» Monat

Beispiel:

> Wien, am 22.02.2019
>
> Wien, im Februar 2019

Begrüssung

Je nachdem ob Sie den Namen der Ansprechperson wissen, können Sie verschiedene Formulierungen wählen:

> **Name des Empfängers bekannt:**
>
> » „Sehr geehrter Herr/Sehr geehrte Frau (Titel) Nachname"
> » „Hallo, Herr (Titel) Nachname"
> » „Guten Tag, Herr (Titel) Nachname"
>
> **Empfänger unbekannt:**
>
> » Sehr geehrte Damen und Herren
> » Sehr geehrtes XX-Team
> » Liebes XX-Team

> Beachten Sie die Art und Weise, wie das Unternehmen öffentlich kommuniziert. Lesen Sie sich die Inhalte der Website und auch die Jobinserate des Unternehmens aufmerksam hinsichtlich des Schreibstils durch. Ist die Ansprache von Kunden und Mitarbeitern eher herzlich, kann ein „Liebes Team der Firma…" freundlicher wirken als „Sehr geehrte Damen und Herren". Wenn Sie sich für eine solche oder ähnliche Ansprache entscheiden oder „per Du" antworten, weil auch das Inserat Sie „per Du" anspricht, sollten Sie sich jedoch sicher sein, dass Ihre Begrüßungsformel auch angemessen ist und positiv ankommt. Im Zweifel sollten Sie einfach bei der förmlichen „Sehr geehrte…" Anrede bleiben.

Inhalt

Das Bewerbungsschreiben sollte folgende Informationen beinhalten:

- » Den Beweggrund, sich für diese Stelle zu bewerben und die entsprechenden Qualifikationen bezüglich Aufgabenstellung und Anforderungen an den ausgeschriebenen Job
- » Kurze Zusammenfassung der Bildungs- und Berufslaufbahn, mit Fokus auf Tätigkeiten, die Sie für den ausgeschriebenen Job qualifizieren
- » Fachliche und persönliche Kompetenzen
- » Möglicher Starttermin bei einem neuen Unternehmen

Der erste (Ab-)Satz einer Bewerbung muss ein Eyecatcher sein, eine Einladung zum Weiterlesen. Beantworten Sie die ungestellte Frage nach dem Grund Ihrer Bewerbung.

Warum wollen Sie in diesem Job, bei dieser Firma arbeiten? Warum sind Sie auf die Anzeige oder das Unternehmen aufmerksam geworden? Ist es das Aufgabengebiet, die Branche, der Ort? Wollen Sie etwas in Ihrem Leben verändern? Was macht Sie zur richtigen Wahl für das Besetzen dieser Stelle?

Vermeiden Sie Aussagen, deren Informationen auf der Hand liegen und inhaltslos sind, wie „Hiermit bewerbe ich mich…" oder „Ich habe Ihre Stelle gesehen…" etc. Für den ersten Absatz können Sie sich hingegen jederzeit auf Ihre Interessen an dem Job und/oder auf das Unternehmen beziehen:

> *Die ausgeschriebenen Aufgabengebiete entsprechen Ihren Interessen und Ihrem Berufswunsch, die Anforderungen an die Stelle Ihren Erfahrungen und Ihrer Ausbildung.*
>
> *„Da mir die von Ihnen beschriebenen Tätigkeiten sehr vertraut sind, freue ich mich,…"*
>
> *„Nach X Jahren Erfahrung als Y strebe ich nun eine neue Herausforderung als Z an …"*
>
> *„Für das sehr informative Gespräch vom 10.11.2018 möchte ich mich noch einmal bedanken. Wie besprochen, erhalten Sie hiermit auch meine schriftlichen Bewerbungsunterlagen.*
>
> *„Ich verfolge seit längerer Zeit die positiven Entwicklungen Ihres Unternehmens und freue mich umso mehr, als ich nun die für meine Qualifikation und Interessen passende Stellenanzeige gesehen habe."*

Nachdem der erste Satz formuliert ist, vertiefen Sie im kommenden Teil Ihren für die angestrebte Position relevanten beruflichen Werdegang.

Verpacken Sie Bildung, Arbeitserfahrung, Tätigkeitsbereiche und Soft Skills (persönliche Eigenschaften), die Sie unter Beweis gestellt haben, in wenige Sätze:

> *„Meine sechsjährige Berufserfahrung als Einkäufer sammelte ich in der Handelsbranche bei den Firmen X und Y. In meiner letzen Tätigkeit, die ich vier Jahre ausgeübt habe, war ich Generaleinkäufer für die Sparte Non-Food der Handelskette ABC. Dort war ich hauptsächlich für Firmenakquisen, Angebotserstellungen und Preisverhandlungen zuständig. Mit guter Branchenkenntnis, Genauigkeit, Abschlussstärke sowie Verhandlungsgeschick konnte ich verkaufsstarke Produkte und rentable Partner akquirieren."*

Hier sind Arbeitserfahrung, Tätigkeitsbereiche und Soft Skills verpackt, die man durch Arbeitserfolge belegt hat. Dieses Beispiel soll Sie anregen, kurz und knapp das Wesentlichste auszusagen.

Bei der Bewerbung auf ein konkretes Stellenangebot, ist es sehr wichtig, die Anforderungen an die Position, welche in der Stellenanzeige zu sehen sind, zu beachten. Entsprechend sollten Sie diese als Ihre Fähigkeiten in Ihr Bewerbungsschreiben verpacken. Beziehen Sie sich auf einzelne Punkte und legen Sie schriftlich dar, warum Sie diese Anforderungen erfüllen bzw. erfüllen werden.

KÜNDIGUNGSGRUND UND GEHALTSWUNSCH

Sie werden mit hoher Wahrscheinlichkeit spätestens beim Interview gefragt werden, warum Sie Ihren vorherigen Arbeitgeber verlassen wollen bzw. verlassen haben. Seien Sie darauf vorbereitet. Sie können diese Information jedoch auch schon im Bewerbungsschreiben kurz und knapp erläutern, wenn Sie der Meinung sind, dies stellt für Sie einen Vorteil dar. Generell rate ich zu diesem Schritt nur, wenn Sie „unverschuldet", sprich aufgrund allgemeiner Befristungen oder wirtschaftlicher Probleme das Unternehmen verlassen mussten.

> Schreiben bzw. sprechen Sie nie schlecht über ehemalige Arbeitgeber, Vorgesetzte, Kollegen und Kolleginnen etc. Man kann auch die schwierigsten Differenzen sehr diplomatisch ausdrücken, sei es, dass das Unternehmen in eine andere Richtung geht (Unternehmensvision), stetiger Führungswechsel die Arbeit erschwerte oder es irgendwann einfach nicht mehr passte (Identifikation mit dem Unternehmen nicht mehr gegeben) und Sie eine neue Herausforderung such(t)en.

Wenn das Unternehmen eine Angabe zu Ihrem Gehaltswunsch fordert, führen Sie den Betrag an, den Sie für angemessen halten. Recherchieren Sie vorab, wie viel oder wenig das Unternehmen üblicherweise zahlt, was im Rahmen Ihrer Arbeitserfahrung branchen- und regionsüblich ist. Geben Sie Ihre Gehaltsvorstellung als Jahresbrutto (vor Abzug der Steuern und Nebenkosten) an. Eine weitere Möglichkeit ist es, einen Gehaltsbereich statt einer konkreten Summe anzuführen, also z. B.: „Meine Gehaltsvorstellungen liegen zwischen € 40.000 und € 48.000". Achten Sie dabei darauf, dass der untere Bereich Ihrer Wunschgehaltsrange Ihr tatsächliches Wunschgehalt definiert.

Es gibt länder- und unternehmensspezifische Unterschiede, wie oft Sie Ihr Entgelt pro Jahr erhalten. In Österreich ist es üblich, 14 Gehälter/Löhne im Jahr zu bekommen („Weihnachts-" und „Urlaubsgeld"), in Deutschland und der Schweiz kann die Anzahl je nach Unternehmen, Position und Verhandlungsgeschick variieren.

> *„Meine Gehaltsvorstellungen liegen bei 60.000 € brutto im Jahr."*

Oder etwas fordernder:

> *„Meine Gehaltsvorstellung liegt bei 3.500 € brutto im Monat, wobei ich bereit bin, in den ersten sechs Monaten auf einen Teil meines angestrebten Gehalts zu verzichten. In dieser Zeit werde ich Sie davon überzeugen, warum ich verdiene, was ich mir vorgestellt habe."*

Wenn das Unternehmen Interesse an Ihnen hat, werden Sie auch ohne schriftliche Wunschgehaltsangaben eingeladen oder zumindest angerufen werden, um diese Frage vorab zu klären. Spätestens dann sollten Sie sich jedoch über Ihr Wunschgehalt im Klaren sein.

Schriftliche Wunschgehaltsangaben lassen sich im Nachhinein nicht mehr zurücknehmen und schränken Ihren Verhandlungsspielraum ein. Wenn Sie schriftlich keine Gehaltsangaben machen wollen, können sie einen Satz wie diesen einfügen:

„Bei einem persönlichen Gespräch freue ich mich, Ihnen weitere Informationen zu meinen Qualifikationen und Gehaltsvorstellungen zu geben."

Abschluss

Betonen Sie die Vorfreude auf ein Vorstellungsgespräch und verabschieden sie sich mit freundlichen Grüßen. Achten Sie bei der Formulierung darauf, keine Konjunktive zu verwenden (z. B. „Ich *würde* mich über eine Kontaktaufnahme freuen."). Besser ist es, im Präsens zu formulieren: „Ich freue mich auf ein persönliches Kennenlernen!" Setzen Sie Ihre handschriftliche Unterschrift (Scan der Unterschrift) an das Ende des Dokuments.

Bringen Sie Ihre Kernaussagen auf den Punkt! Niemand hat Zeit und Lust sich Floskeln und unnötige Füllsätze durchzulesen.

Abschluss:

- » Grußformel
  z. B. *„Mit freundlichen Grüßen"*
- » Name
  Unterschrift (für elektronische Dokumente verwenden Sie einen Scan Ihrer Unterschrift)
- » Optional: Name nochmal in Druckschrift

Beispiel:

Mit freundlichen Grüßen

Maximilian Muster
Dr. Maximilian Muster

Bewerbungsschreiben auf eine Anzeige

Konkret sehen Sie nun die Bewerbung auf ein Inserat im Bereich Personalmanagement. Hier wurde darauf geachtet, die für das Unternehmen wesentlichen Punkte aus dem Inserat herauszufiltern und in das Bewerbungsschreiben zu verpacken.

Die Beispiel AG mit Sitz in Wien ist ein führendes Unternehmen im Bereich der Lebensmitteltechnik. Wir sind mit unseren über 340 Mitarbeiter/-innen global in über 15 Ländern tätig und bieten unseren qualitätsorientierten Kunden Gesamtlösungen für die Verarbeitung ihrer Produkte an.

Für unsere **Zentrale in Wien** suchen wir ab sofort eine/-n

Personalmanager/-in mit juristischem Schwerpunkt (m/w)

Folgende spannende Aufgaben erwarten Sie:
- Erste Ansprechperson für Führungskräfte und Mitarbeiter in sämtlichen HR-Themen
- Verantwortung für die reibungslose Durchführung der Personaladministration
- Lösung von arbeitsrechtlichen Fragestellungen
- Recruiting: zeitgemäße Personalwerbung und -beschaffung für den Standort Wien
- Ausbau der Personalentwicklung, Stärkung der Arbeitgebermarke

Das erwarten wir von Ihnen:
- Abgeschlossenes Hochschulstudium (Schwerpunkt Personalmanagement) oder vergleichbare Ausbildung
- Solide, aktuelle Kenntnisse im Arbeitsrecht und in der Personalgewinnung
- Verhandlungssicheres Englisch
- Absolute Diskretion und Vertrauenswürdigkeit
- Selbstbewusstes Auftreten und vorzügliche kommunikative Skills
- Eigenständige und selbstverantwortliche Arbeitsweise
- Bereitschaft für Dienstreisen (ca. 10 % der Arbeitszeit)

Wir bieten Ihnen:
- Ein dynamisches Team mit wertschätzendem Umgang, kooperatives und motivierendes Arbeitsklima
- Kinderbetreuung vor Ort
- Ein Brutto-Jahresgehalt je nach Qualifikation zwischen 50.000€ und 65.000€

Wir freuen uns auf Ihre Bewerbung über unsere Onlineplattform www.beispiel.com/jobs.

Hier sehen Sie ein Beispiel für ein passendes Bewerbungsschreiben:

Mira Muster, B. Sc.
Musterweg 189, 10345 Musterstadt, Deutschland
Tel.: +49 123 123456, E-Mail: mira.muster@email.com

An Firma
Musterfirma GmbH
Frau Dr. Helene Beispiel
Musterstrasse 12
12345 Musterstadt

Wien, im Februar 2019

Bewerbung als Personalmanagerin (Stellenanzeige 123 von Ihrer Website)

Sehr geehrte Frau Dr. Beispiel,

ich verfolge seit längerer Zeit die positiven Entwicklungen Ihres Unternehmens und freute mich umso mehr, als ich Ihre für meine Qualifikation und Interessen passende Stellenanzeige gesehen habe. Die von Ihnen beschrieben Aufgabengebiete decken sich mit meinen Tätigkeitskompetenzen und -wünschen. Ich habe in meiner ehemaligen Firma gute Einblicke in den Prozess des Recruitings bekommen und konnte mich sehr gut mit dem Aufgabengebiet identifizieren.

Das Kerngebiet im Rahmen meiner allgemeinen Ausbildung war Arbeitsrecht. Da mich dieses Thema sehr interessiert, suchte ich bewusst einen Job im Personalmanagement, um mein erlangtes Wissen auch in die Praxis umzusetzen. Meine Tätigkeiten umfassten u. a. die Erstellung von Arbeitsverträgen nach den gültigen Richtlinien, das Führen von Einstellungsgesprächen und die Beratung und Anwesenheit bei Kündigungsgesprächen. Ich hatte jedoch nicht nur mit internen Klient/-innen zu tun sondern führte auch eigenständig diverse Besprechungen und Verhandlungen mit Kunden sowie Lieferanten durch. Das ist für mich die Basis einer erfolgreichen Geschäftsbeziehung. Um die Interessen auch außerhalb Ihres Firmensitzes wahrzunehmen, bin ich natürlich auch für Dienstreisen bereit.

Mir bereitet die Kommunikation mit Menschen viel Freude, ich arbeite sehr gerne im Team und konnte in diesem Bereich bereits Führungsqualitäten unter Beweis stellen.

Mein Dienstverhältnis endet im aktuellen Monat, somit bin ich ab sofort für Sie verfügbar. Ich freue mich bereits auf ein persönliches Kennenlernen!

Mit freundlichen Grüßen

Mira Muster

LEBENSLAUF

Im deutschsprachigen Raum ist es üblich einen Lebenslauf in tabellarischer Form zu verfassen. Das bedeutet, dass folgende Informationen strukturiert, oft in Form einer Aufzählung und nicht rein textlich dargestellt werden:

- » Werdegang und Berufserfahrung
- » Aus- und Weiterbildungsmaßnahmen
- » Kompetenzen und Fähigkeiten
- » Persönliche Daten

Halten Sie das Dokument lesbar und präzise, verzichten Sie auf Layouts, die das Lesen erschweren. Der Lebenslauf sollte nicht mehr als 2-3 A4-Seiten umfassen und immer an das Unternehmen oder die Position, für die Sie sich bewerben, angepasst sein.

Heben sie alle Jobs und Tätigkeiten heraus, die etwas mit dem Thema der aktuellen Bewerbung zu tun haben. Auch Jobs, die branchen- oder ausbildungsfremd sind, beinhalten mit hoher Wahrscheinlichkeit Elemente des erlernten Berufs. Konzentrieren Sie sich auf die Parallelen zur Jobausschreibung. Ich zeige Ihnen nun Schritt für Schritt die Inhalte, welche Sie in Ihrem Lebenslauf abbilden sollten.

Foto

Verschiedene Richtlinien gelten auch für Fotos. In den USA beispielsweise wird ausdrücklich kein Foto bei einer Bewerbung gewünscht. Im deutschsprachigen Raum ist es dennoch üblich, ein Foto in die Bewerbung zu integrieren.

Ein gutes Foto vermittelt Sympathie und verhilft Ihnen vielleicht zu einer Gesprächseinladung, auch wenn das Anforderungsprofil nicht ganz zur ausgeschriebenen Stelle passt.

Wenn Sie bereits ein Foto auf dem Deckblatt platziert haben, benötigen Sie kein weiteres im Lebenslauf.

Persönliche Daten

Im deutschsprachigen Raum ist es üblich, das Geburtsdatum und die Nationalität zu den Namens- und Adressdaten anzugeben.

Ihre persönlichen Daten können Sie sowohl als ersten als auch als letzten Punkt des Lebenslaufs erwähnen, je nachdem wie Sie ihre Bewerbung optisch aufgebaut haben. Generell sollten Lesende zuerst wissen, mit wem sie es zu tun haben.

So empfiehlt es sich, in der Bewerbungsvariante ohne Deckblatt (bzw. ohne Foto auf dem Deckblatt), die persönlichen Daten zu Beginn zu platzieren.

Jedes Land verfügt über andere Richtlinien bezüglich Pflichtangaben der persönlichen Daten im Lebenslauf. So darf man – je nach Land – als Personalmanager aufgrund der geltenden Gleichberechtigungsgesetzen z. B. nicht nach dem Geschlecht, dem Geburtsdatum oder der Nationalität fragen. Auch die Frage nach Ihrem Familienstand ist nicht mehr zeitgemäß. Erkundigen Sie sich, welche Angaben in dem Land, in dem Sie sich bewerben, aktuell erwünscht oder zu vermeiden sind.

Für einen Lebenslauf ohne Kopfzeile empfielt es sich, die „Persönlichen Daten" an erste Stelle zu schreiben:

LEBENSLAUF

PERSÖNLICHE DATEN

NAME	Mira Muster, B. Sc.
ADRESSE	Musterweg 189, 1035 Musterstadt, Österreich
TELEFONNUMMER	+43 123 123456
E-MAIL-ADRESSE	Mira.muster@email.com
GEBURTSDATEN	23.10.1996 in Wien
STAATSBÜRGERSCHAFT	Österreich

BERUFSERFAHRUNG

seit 08/2014 **Beispielfirma GmbH**
Teamassistentin
- Erstellung von Präsentationen für die Teamleitung
- Protokollieren von Besprechungen
- Allgemeine administrative Aufgaben

AUS- UND WEITERBILDUNG

09/2006 – 07/2014 **Beispielschule**
- Abitur/Matura mit ausgezeichnetem Erfolg bestanden

KENNTNISSE & KOMPETENZEN

SPRACHKENNTNISSE
Deutsch (Muttersprache)
Englisch (ausgezeichnet in Wort und Schrift)

IT-KENNTNISSE
MS-Office (Word, Excel, Powerpoint), versierter Umgang mit PC

PERSÖNLICHE & SOZIALE KOMPETENZEN
Kommunikationsfreude, professionelles Auftreten, Teamfähigkeit, Zielstrebigkeit, Humor, Lernbereitschaft und Wissbegierde

Die Variante, persönliche Daten an das Ende des Lebenslaufs zu setzen, empfiehlt sich, wenn Ihre Bewerbung eine Kopfzeile mit Ihren Adressdaten beinhaltet und Ihr Foto bereits am Deckblatt platziert ist.

Mira Muster, B. Sc.
Musterweg 189, 10345 Musterstadt, Deutschland
Tel.: +49 123 123456, E-Mail: mira.muster@email.com

LEBENSLAUF

BERUFSERFAHRUNG

seit 08/2014   Beispielfirma GmbH
Teamassistentin
- Erstellung von Präsentationen für die Teamleitung
- Protokollieren von Besprechungen
- Allgemeine administrative Aufgaben

AUS- UND WEITERBILDUNG

09/2006 – 07/2014   Beispielschule
- Abitur/Matura mit ausgezeichnetem Erfolg bestanden

KENNTNISSE & KOMPETENZEN

SPRACHKENNTNISSE
Deutsch (Muttersprache)
Englisch (ausgezeichnet in Wort und Schrift)

IT-KENNTNISSE
MS-Office (Word, Excel, Powerpoint), versierter Umgang mit PC

PERSÖNLICHE & SOZIALE KOMPETENZEN
Kommunikationsfreude, professionelles Auftreten, Teamfähigkeit, Zielstrebigkeit, Humor, Lernbereitschaft und Wissbegierde

PERSÖNLICHE DATEN

GEBURTSDATEN   23.10.1996 in Berlin
STAATSBÜRGERSCHAFT   Deutschland

Beruflicher Werdegang

Dieser Abschnitt beschreibt Ihre bisherige Arbeitserfahrung inkl. Jobbezeichnung, Firmenangaben, zeitliche Angaben sowie Ihre ausgeführten Tätigkeiten.

Der Lebenslauf ist wahrscheinlich das wichtigste Element Ihrer Bewerbung. Gerade wenn sich viele Personen auf nur eine Stelle bewerben, wird oftmals in der ersten Auswahl aus Zeitgründen nur der Lebenslauf gesichtet und das Bewerbungsschreiben vorerst ignoriert. Die Darstellung Ihrer Vita sollte bei einer klassischen Bewerbung in tabellarischer Form erfolgen. Doch was heißt das genau?

Die Reihenfolge Ihrer Angaben soll chronologisch absteigend aufgelistet werden, d. h. das aktuellste Ereignis kommt zuerst. Schreiben Sie bei den Angaben der letzten fünf Jahre immer den Monat zum Datum dazu.

01/2015 – 12/2015

April 2012 – Februar 2016

Nov 2012 – dato (wenn sie noch immer in dieser Position arbeiten)

seit 04/2013 (wenn sie noch immer in dieser Position arbeiten)

Wenn bei den aktuellen Tätigkeiten nur Jahreszahlen angeführt werden, könnte der Eindruck entstehen, dass Sie etwas vertuschen wollen.

Beschreiben Sie Ihre angeführten Positionen näher und fügen Sie die damit verbundenen Tätigkeiten in Form von einem beschreibenden Text oder Aufzählungen hinzu. Dabei sollten Sie auf einen aussagekräftigen

Inhalt achten und die Priorisierung der Aufgaben der Stellenanzeige anpassen. Bei der aktuellsten Position sollten Sie ca. fünf Tätigkeiten anführen, die Ihren typischen Arbeitsalltag beschreiben. Umso länger das Dienstverhältnis in der Vergangenheit liegt, desto weniger müssen Sie ins Detail gehen.

Sollten Sie in Ihren vergangenen Positionen bereits Aufgaben ausgeführt haben, die im angestrebten Job gefordert sind, betonen Sie diese. Sie können das Wording der Jobanzeige Ihrer eigenen Schreibweise anpassen und manche Schlüsselwörter fett andrucken. Das können Sie natürlich auch bei den Positionen machen, die bereits länger in der Vergangenheit liegen.

Lücken im Lebenslauf

Was als tatsächliche „Lücke" im Lebenslauf definiert wird, ist von Personalmanager zu Personalmanager unterschiedlich. Ab einem Jahr ohne Job sollte man sich für Vorstellungsgespräche Argumente zurechtlegen, warum dies so war und was man in dieser Zeit Sinnvolles und Gutes gemacht hat. Beispiele hierfür sind Weiterbildungsmaßnahmen, Auslandsaufenthalte, private Arbeiten wie Wohnungssanierung etc.

Ob Sie die Datumsangaben linksbündig oder rechtsbündig anordnen, obliegt Ihnen und der optischen Form Ihrer Bewerbung. Die rechtsbündige Variante eignet sich besonders dann, wenn viel Text vorhanden ist, da man dadurch mehr Platz für die schriftlichen Ausführungen erhält.

In den folgenden Beispielen sehen Sie beide Varianten. Hier ist jedoch zu beachten, dass Sie die Anordnung in Ihrem Lebenslauf für alle Positionen beibehalten sollten.

01/2014 – dato   KEY ACCOUNT MANAGEMENT
UNTERNEHMEN GMBH

- Laufende Betreuung der bestehenden Kunden
- Landesweite Neukundenakquise
- Veranstaltung von Promotions für unsere Kunden sowie Organisation & Koordination aller Werbeaktivitäten
- Teamaufbau inkl. laufendem Recruiting
- Personalverantwortung für ein Team (5-6 Personen)

01/2009 – 12/2013 KUNDENBETREUUNG
UNTERNEHMEN GMBH

- Ausbau und Pflege des bestehenden Kundenstocks
- Verhandlungsführung und Vertragserstellung
- Koordination & Durchführung von internen Schulungen & Coachings

---

Setzen Sie den Fokus auf wesentliche Informationen.

Es gibt mehrere Möglichkeiten der Gestaltung Ihres beruflichen Werdegangs. Je nachdem was Sie betonen oder kaschieren wollen, eignet sich einer der folgenden Ansätze:

1. Betonung der Jobbezeichnungen

Diese Variante eignet sich, wenn Sie zwar in gut klingenden Positionen, jedoch in eher unbekannten Unternehmen gearbeitet haben. Setzen Sie hier den Fokus, wenn Sie sich für ähnliche Positionen bewerben wollen.

Beispiel:

05/2014 dato **KFZ-Mechaniker**
Schnelle Autos GmbH

- Reparatur von schnellen Autos
- Wechsel der Sommer- und Winterreifen
- Verkauf von Gebrauchtwagen

09/2011 – 04/2014 **KFZ-Mechaniker**
Große Autos GmbH

- Reparatur von großen Autos
- Wartung der Fahrzeuge

---

2. Betonung des Unternehmens

Bei dieser Variante liegt der Fokus bei der Information, in welchen Unternehmen Sie gearbeitet haben. Sie eignet sich am besten, wenn es sich um bekannte Unternehmen handelt, die idealerweise aus derselben Branche sind. Der Leser soll sehen, dass Sie bereits in renommierten Firmen wertvolle Erfahrung gesammelt haben. Auch wenn Sie innerhalb eines Unternehmens mehrere Jobs hatten, ist diese Darstellungsform vorteilhaft.

Beispiel:

Große Firma GmbH 01/2009 – 10/2016

Assistentin der Geschäftsführung   04/2012 – 10/2016

- Erstellung von Präsentationen
- Administrative Aufgaben

Teamassistentin   01/2009 – 03/2012

- Management der Zeiterfassung
- Administrative Aufgaben

Unternehmen GmbH   02/2006 – 12/2008

Call-Center-Mitarbeiterin

- Inbound & Outbound Calls
- Erstellung von Reportings

3. Betonung der Berufserfahrung

Diese Variante eignet sich besonders gut, wenn Sie unterschiedliche Berufserfahrung gesammelt haben, jedoch nicht zwingend nacheinander. Sie können Ihre Vita auch so gestalten, wenn Sie in einem bestimmten Bereich wieder Fuß fassen möchten, obwohl Sie in Ihrer vergangenen Position etwas ganz anderes gemacht haben. Auch wenn Sie sog. „Lücken im Lebenslauf" kaschieren wollen, rate ich Ihnen zu dieser Methode.

Je nach Art und Anzahl Ihrer vergangenen Jobs können Sie auch „Praktika", „Relevante Berufserfahrung" und „Sonstige Berufserfahrung" separat anführen.

Assistenz der Geschäftsführung

- Erstellung von Präsentationsunterlagen
- Schriftverkehr, Telefondienst
- Zeiterfassungsmanagement für Teams (bis zu 40 Personen)
- Vorbereitung zur Buchhaltung

02/2012 – 08/2013 Firma 1
04/2008 – 03/2009 Firma 2
03/2006 – 05/2007 Firma 3

Ausbildung und Weiterbildung

Sie haben bei der Darstellung Ihrer Aus- und Weiterbildungsmaßnahmen die Möglichkeit, Ausbildung und Weiterbildung zu trennen oder diese beiden Punkte in eine Kategorie zusammenzufassen.

Die **Ausbildung** beschreibt schulische, berufliche bzw. universitäre Bildung, **Weiterbildung** bezeichnet Maßnahmen, die Ihnen neue Fähigkeiten vermitteln und **Fortbildung** (die unter den Punkt Weiterbildung fallen kann) stellt berufsunterstützende Bildungsmaßnahmen dar.

Je nachdem, welche Aus- und Weiterbildungsmaßnahmen Sie absolviert haben, gilt hier: Höchster (schulischer, universitärer) Abschluss oder höchste Fachausbildung kommen an erster Stelle. Wenn es relevant ist, geben Sie auch den Titel einer etwaigen Master-, Diplomarbeit oder Dissertation an. Weitere Ausbildungen folgen absteigend chronologisch, Matura/Abitur oder Lehre schließen den Ausbildungsteil ab, Volksschule ist nicht relevant.

Führen Sie zudem für den zukünftigen Job relevante Weiterbildungsmaßnahmen mit Titel, Bildungsinstitut, Datum und Dauer an (bei kurzen Weiterbildungsmaßnahmen in Form von Stunden), ebenfalls absteigend chronologisch.

Sollten Sie nach dem Abschluss einer universitären oder sonstigen signifikanten Berufsausbildung weitere Bildungsmaßnahmen abgeschlossen haben, bietet sich an die beiden Punkte „Ausbildung" und „Weiterbildung" zu trennen.

Sie können also Ausbildung und Weiterbildung separat anführen oder auch in den Bereich „Aus- und Weiterbildung" zusammenfassen. Egal, wie Sie diesen Bereich gliedern, Ihre höchste bzw. für den Job relevanteste abgeschlossene Ausbildung sollte am präsentesten platziert sein.

Aus- und Weiterbildung

10/2014 – 07/2017	Studium der Pflegewissenschaften Universität Wien, mit Erfolg per 07.07.2017 abgeschlossen
	„Betriebliches Gesundheitswesen", Workshop „Institut Gesundheit", 1010 Wien
2010	MS Office Grundlagen (Word, Excel, Powerpoint) „IT–Center", 1010 Wien
1999 – 2008	Gymnasium „Beste Schule" 1010 Wien Abschluss mit Matura

Ausbildung

10/20108 – 07/2012	Studium der Pflegewissenschaften Universität Wien, mit Erfolg per 07.07.2012 abgeschlossen
1999 – 2008	Gymnasium „Beste Schule" 1010 Wien Abschluss mit Matura

Weiterbildung

2015	„Betriebliches Gesundheitswesen", Workshop „Institut Gesundheit", 1010 Wien
2010	MS Office Grundlagen (Word, Excel, Powerpoint) „IT–Center", 1010 Wien

„Darf ich gewisse Dienstverhältnisse oder irrelevante berufliche Erfahrungen weglassen?"

„Manchmal ist es nicht notwendig, alle bisherigen Dienstverhältnisse in den Lebenslauf hineinzuschreiben. Das kann verschiedene Gründe haben. Sei es, dass Dienstverhältnisse nur von kurzer Dauer waren, weit in der Vergangenheit liegen oder für den neuen Job irrelevant sind.

In einem solchen Fall empfiehlt es sich, vergangene Arbeitsstellen in die Bereiche „Praktika", „Relevante Berufserfahrung" und „Sonstige Berufserfahrung" zu gliedern. Natürlich können Sie auch nur einzelne Kategorien verwenden, wie z. B. „Relevante Berufserfahrung". Wenn Sie die Niederschrift Ihrer Berufserfahrung so betiteln, können Sie sich aussuchen, welche Arbeitsstellen Sie einfügen und welche Sie weglassen. Achten Sie jedoch darauf, dass Ihr Lebenslauf nicht lückenhaft erscheint."

"Ich habe zwar dasselbe gemacht, wie in der Jobausschreibung beschrieben, jedoch hatte ich einen anderen Jobtitel (z. B. Assistentin der Geschäftsführung – Sekretärin). Darf ich den Jobtitel selbst ändern?"

„Sie dürfen sich einen passenderen Jobtitel geben, achten Sie jedoch darauf, bei der Wahrheit zu bleiben! Recherchieren Sie übliche Tätigkeiten zu den entsprechenden Positionstiteln und entscheiden Sie, ob die alternative Jobbezeichnung zutreffend ist."

Kenntnisse – Besondere Fähigkeiten – Soft Skills

Fassen Sie im nächsten Abschnitt Ihres Lebenslaufes Ihre Qualifikationen, Kompetenzen, Kenntnisse und Soft Skills unter dem Punkt *Kenntnisse und Kompetenzen* zusammen.

Was zeichnet Sie aus und was hebt Sie von der Masse ab?

> » **Sprachkenntnisse**

Führen Sie hier die Sprachen an, in denen Sie in der Lage sind zu kommunizieren. Es kann bei jedem Vorstellungsgespräch Ihre Fremdsprachenkompetenz abgefragt werden, indem die Interviewer in die entsprechende Sprache wechseln. Frischen Sie Ihre Kenntnisse vor dem Vorstellungsgespräch falls nötig noch mit Hilfe von Online-Kursen oder sonstigen Lernhilfen auf. Achten Sie dabei auch auf das für die Tätigkeit erforderliche Fachvokabular.

Die Abstufung der Kenntnisse kann auf verschiedenen Wegen erfolgen. Sprachen können „verhandlungssicher" oder „sehr gut" „in Wort und Schrift" kommuniziert werden. „Schulkenntnisse", „Abitur-" oder „Maturaniveau", „Grundkenntnisse" besagen, dass Sie über ebensolche verfügen, jedoch nicht frei in dieser Sprache kommunizieren können.

Eine andere Variante ist die Angabe der Kennnisse mit Hilfe des „Gemeinsamen Europäischen Referenzrahmens" Hier werden Ihre Kenntnisse in folgende Kategorien gegliedert:

A: **Elementare Sprachverwendung**

B: **Selbstständige Sprachverwendung**

C: **Kompetente Sprachverwendung**

Diese sind nochmals in insgesamt sechs Stufen des Sprachniveaus unterteilt:

A1 – Anfänger

Sie verstehen und verwenden vertraute, alltägliche Ausdrücke und ganz einfache Sätze, die auf die Befriedigung konkreter Bedürfnisse zielen. Sie können sich und andere vorstellen sowie anderen Leuten Fragen zu ihrer Person stellen – z. B. wo sie wohnen, was für Leute sie kennen oder was für Dinge sie haben – und können auf Fragen dieser Art Antwort geben. Sie können sich auf einfache Art verständigen, wenn die Gesprächspartner langsam und deutlich sprechen und bereit sind, Ihnen zu helfen.

A2 – Grundlegende Kenntnisse

Sie können Sätze und häufig gebrauchte Ausdrücke verstehen, die mit Bereichen von ganz unmittelbarer Bedeutung zusammenhängen (z. B. Informationen zur Person und zur Familie, Einkaufen, Arbeit, nähere Umgebung). Sie können sich in einfachen, routinemäßigen Situationen verständigen, in denen es um einen einfachen und direkten Austausch von Informationen über vertraute und geläufige Dinge geht. Sie können mit einfachen Mitteln die eigene Herkunft und Ausbildung, die direkte Umgebung und Dinge im Zusammenhang mit unmittelbaren Bedürfnissen beschreiben.

B1 – Fortgeschrittene Sprachverwendung

Sie können die Hauptpunkte verstehen, wenn klare Standardsprache verwendet wird und wenn es um vertraute Dinge aus Arbeit, Schule, Freizeit etc. geht. Sie können die meisten Situationen bewältigen, denen man auf Reisen im Sprachgebiet begegnet. Sie können sich einfach und zusammenhängend über vertraute Themen und persönliche Interessengebiete äußern. Sie können über Erfahrungen und Ereignisse berichten, Träume, Hoffnungen und Ziele beschreiben und zu Plänen und Ansichten kurze Begründungen oder Erklärungen geben.

B2 – Selbständige Sprachverwendung

Sie können die Hauptinhalte komplexer Texte zu konkreten und abstrakten Themen verstehen; im eigenen Spezialgebiet auch Fachdiskussionen. Sie können sich so spontan und fließend verständigen, dass ein normales Gespräch mit Muttersprachlern ohne größere Anstrengung auf beiden Seiten gut möglich ist. Sie können sich zu einem breiten Themenspektrum klar und detailliert ausdrücken, einen Standpunkt zu einer aktuellen Frage erläutern und die Vor- und Nachteile verschiedener Möglichkeiten angeben.

C1 – Fachkundige Sprachkenntnisse

Sie können ein breites Spektrum anspruchsvoller, längerer Texte verstehen und auch implizite Bedeutungen erfassen. Sie können sich spontan und fließend ausdrücken, ohne öfter deutlich erkennbar nach Worten suchen zu müssen. Sie können die Sprache im gesellschaftlichen und beruflichen Leben oder in Ausbildung und Studium wirksam und flexibel gebrauchen. Sie können sich klar, strukturiert und ausführlich zu komplexen Sachverhalten äußern und dabei verschiedene Mittel zur Textverknüpfung angemessen verwenden.

C2 – Annähernd muttersprachliche Kenntnisse

Sie können praktisch alles, was Sie lesen oder hören mühelos verstehen. Sie können Informationen aus verschiedenen schriftlichen und mündlichen Quellen zusammenfassen und dabei Begründungen und Erklärungen in einer zusammenhängenden Darstellung wiedergeben. Sie können sich spontan, sehr flüssig und genau ausdrücken und auch bei komplexeren Sachverhalten feinere Bedeutungsnuancen deutlich machen.

(Quelle: www.europaeischer-referenzrahmen.de/)

» **IT-Kenntnisse**

Hier können sie alle relevanten IT- bzw. EDV-Kenntnisse anführen, die sie „on the job", während einer Aus- oder Weiterbildungsmaßnahme sowie aus Interesse erlernt haben. Das betrifft z. B. alle grafisch oder technisch relevanten Softwarekenntnisse (Adobe CS X, SAP, Catia etc.), Büro-Programme wie MS Office, Datenbanken und CRM-Systeme und sonstige Applikationen, mit denen Sie praktische Erfahrung haben. Wenn sie einzelne MS Office-Module besonders gut beherrschen, betonen Sie das extra (z. B. MS Excel oder MS Access).

In der heutigen Zeit sind Social-Media-Kenntnisse ebenso gern gesehen. Wenn Sie sich also gerne in den neue Medien bewegen und wissen, wie man aussagekräftige Postings kreiert, können Sie diese Kompetenz ebenfalls hier anführen.

Auch den sicheren Umgang mit Informations- und Kommunikationstechnologien (IKT) kann man unter diesem Punkt betonen. Das bedeutet, dass Ihr Umgang mit den technischen Geräten der „neuen Technologien" (Mobiltelefone, Tablets, allgemein PCs, Bürotechnologien…) versiert ist.

» **Soft Skills**

Soft Skills sind persönliche Eigenschaften (z. B. Kommunikationsstärke) oder Werte, die Sie im Unternehmen leben. Matchen Sie die Soft Skills des Anforderungsprofils mit denen Ihres Lebenslaufes, aber lügen Sie nicht! Aus dem Anforderungsprofil ist meist herauszulesen, ob der Job eher kommunikativ ist (sprich Kontakt mit vielen Menschen) oder eher zurückgezogen ist, Sie Entscheidungen treffen müssen oder nicht etc. Wenn Sie sich damit nicht identifizieren können (z. B. kommunikativ und entscheidungsfreudig zu sein), dann überlegen Sie vorab, ob Sie sich überhaupt bewerben wollen. Sie vermitteln Unehrlichkeit, wenn Sie vorgeben etwas zu sein, was Sie nicht sind. Selbst wenn Sie den Job schlussendlich bekommen, werden Sie damit glücklich werden?

Als Hilfe rate ich Ihnen, einen Blick in das **Kapitel „Ihre Kompetenzen"** zu werfen. Dort finden Sie Tipps zum Herausheben Ihrer persönlichen Stärken.

Persönliche Interessen

Haben Sie ein besonders interessantes Hobby? Daraus kann beim Interview ein Small-Talk-Thema entstehen. Überlegen Sie sich gut, ob und welche Freizeitbeschäftigung Sie anführen. Achten Sie auch darauf, dass beim Unternehmen nicht der Eindruck erweckt wird, dass das Hobby sehr zeitintensiv ist oder dem Unternehmen in irgendeiner Form schaden könnte. Wenn sie sich als KFZ-Mechaniker bewerben, sollten Sie schriftlich nicht erwähnen, dass Sie als Hobby gerne Autos von Freunden reparieren. Das Unternehmen könnte denken, dass dies sehr viel Zeit beansprucht (und Sie dem Unternehmen dann nicht zur Verfügung stehen) und dass Sie sonstige Kunden des Unternehmens auch privat bedienen.

Auch diverse Sportarten können zu Kontroversen führen. So könnte das Hobby „Fußballspielen" einerseits bedeuten, dass man ein Teamplayer ist, diszipliniert und zielorientiert. Andererseits könnte sich ein Unternehmen denken, dass sich die Person permanent verletzen und somit im Krankenstand sein könnte, oder dass der Mitarbeiter aufgrund regelmäßiger Trainings die Firma zeitlich früh verlassen muss. Sie sehen, jedes Hobby lässt sich verschiedenartig auslegen.

Hier stellt sich also die Frage, ob es notwendig ist, Hobbies generell schriftlich anzuführen. Wenn Ihre Aktivitäten in der Freizeit relevant für den Beruf sind, oder diese Sie „vermenschlichen" bzw. positiven Einfluss auf den Job nehmen, können Sie diese ohne Weiteres betonen. Hobbies wie „Lesen" oder „Kino" sind nicht aussagekräftig.

Auslandsaufenthalte

Auslandsaufenthalte unterstreichen immer Ihre Erfahrung und interkulturelle Kompetenz. Dabei spielt es keine Rolle, ob Sie beruflich, für ein Studium oder Praktikum oder privat im Ausland waren. Sie können etwaige Sprachkenntnisse unterstreichen (wenn Sie in einem Land waren, dessen Sprache Sie sprechen) oder Lücken im Lebenslauf schließen.

Datum, Unterschrift

Oft setzen Bewerberinnen und Bewerber an das Ende des Lebenslaufs die eigene Unterschrift und das aktuelle (!) Datum. Dies dient zur Verifikation und Bescheinigung der Aktualität. Manchmal finden sich diese Angaben auch auf jeder Seite des Lebenslaufes. Sie können das handhaben wie Sie wollen, meine Empfehlung ist jedoch, diesen Zusatz wegzulassen bzw. ihn nur auf die letzte Seite zu setzen. Damit kann man eine Seite, die nicht vollständig beschriftet ist, etwas „voller" gestalten.

Projekterfahrung

Sollten Sie in Ihrer Laufbahn viele Projekte betreut haben, ist es oft sinnvoll, diese auf einer gesonderten Seite anzuführen. So gewährleisten Sie, dass der eigentliche Lebenslauf nicht zu lang wird und geben zudem einen Überblick über bereits ausgeführte Projekte. Gliedern Sie die Projekte in den Inhalt, Ihre Rolle im Projekt und das Ergebnis. Achten Sie dabei darauf, vertrauliche Daten nicht preiszugeben.

MOTIVATIONSSCHREIBEN ODER „DIE DRITTE SEITE"

Ein Motivationsschreiben wird auch „die dritte Seite" genannt, weil es sich nach dem Anschreiben und dem Lebenslauf an die dritte Stelle in der gesamten Bewerbungsmappe stellt. Es sagt auf einer A4-Seite aus, warum Sie für diese Stelle die richtige Person sind, wie Ihre allgemeine Einstellung zu Arbeit ist, welche Ziele Sie innerhalb der ausgeschriebenen Position oder in Ihrer Karriere allgemein erreichen wollen und welche positiven (!) persönlichen Eigenschaften Sie mitbringen. Auch Erfolge der Berufskarriere oder abgeschlossene Projekte können hier angeführt werden. Die Formatierung sollte sich dem Stil des Bewerbungsschreibens und des Lebenslaufs anpassen, jedoch ein in sich abgeschlossenes Dokument sein.

Im Kapitel „Die Marke ICH" – So positionieren Sie sich am Arbeitsmarkt" werden Themengebiete behandelt, welche Ihnen beim Verfassen Ihres Motivationsschreibens helfen können. Beschäftigen Sie sich zudem zur Hilfe mit folgenden Fragestellungen:

- » *Welche Charaktereigenschaften bringe ich mit und wie konnte/kann ich diese im Beruf einsetzen?*
- » *Was bedeutet für mich Arbeit?*
- » *Was verstehe ich unter Work-Life-Balance?*
- » *Welche Berufsziele habe ich in den nächsten fünf bis zehn Jahren?*
- » *Welche Ideen kann ich innerhalb der ausgeschriebenen Position umsetzen und wie kann ich mich im Rahmen des neuen Jobs verwirklichen?*
- » *Welche Herausforderungen habe ich gemeistert? Wie ist mir das gelungen?*

Die Antworten können Sie in das Motivationsschreiben einfließen lassen – immer unter dem Aspekt, sich von der besten Seite zu zeigen aber nicht zu übertrieben.

Formal können Sie einen einzigen Text verfassen oder auf kleine Zwischenüberschriften zurück greifen.

Ein Beispiel dafür sehen Sie hier:

Meine Motivation

VORBILDFUNKTION

In meinen leitenden Funktionen habe ich mich immer sehr erfolgreich für ein kunden- und mitarbeiterorientiertes Management eingesetzt. Eine auf Vertrauen basierende, offene und regelmäßige Kommunikation ist mir dabei sehr wichtig. Ich versuche immer, ein offenes Ohr für mein Team zu haben, in Konfliktsituationen gemeinsame Lösungen zu erarbeiten und natürlich als Vorbild mit viel Durchsetzungsstärke und Entscheidungsfreude zu wirken.

STETS WACHSEN

Seit jeher verfüge ich über eine äußerst positive Grundeinstellung und gehe stets neugierig und mit großem Engagement an neue Aufgaben heran. Dadurch konnte ich sehr vielseitige berufliche Erfahrungen in verschiedensten Branchen sammeln und mich kontinuierlich weiterentwickeln. In meiner bisherigen beruflichen Laufbahn war es mir immer wichtig, Unternehmen zu weiterem Wachstum zu verhelfen und auf der Erfolgsspur zu bleiben. Doch diesen Anspruch stelle ich auch an mich selbst. Deshalb ist es mir wichtig, niemals still zu sehen, ständig weiter zu lernen und meinen Verantwortungsbereich und meine Aufgabengebiete zu erweitern. Ich bin mir sicher, Ihr Unternehmen bietet mir diese Möglichkeiten, um mit dem bestehenden Team noch weiter wachsen zu können.

STÄRKEN PRODUKTIV NUTZEN, VON HERAUSFORDERUNGEN LERNEN

Natürlich stand ich im Laufe meiner Karriere schon vor Entscheidungen, die nicht einfach zu treffen waren oder vor Gegebenheiten, die ich zum heutigen Zeitpunkt vielleicht anders gelöst hätte. Jedoch denke ich, dass man vor allem aus solchen Situationen lernen kann und sich dadurch Chancen ergeben, die sonst keine Beachtung bekommen hätten. Das Vertrauen in die eigenen Stärken sowie die meiner Mitarbeiter/-innen hat uns in jeder Situation geholfen. Auch wenn gewisse Wege beschwerlich waren, so waren diese die Ausnahme und am Ende des Tages standen wir immer mit beiden Beinen auf der Erde und erfolgreich im Sinne des eigenen Teams und der Organisation da.

DAS ZIEL NIE AUS DEN AUGEN VERLIEREN

Zielgerichtetes Arbeiten ist eine Selbstverständlichkeit für mich. Ich bin davon überzeugt, dass schon der Prozess der Zielsetzung positiven Veränderungen vorangeht und Veränderungen immer eine Chance zur Verbesserung darstellen. Die Erreichung der Unternehmensziele sowie meiner persönlichen Ziele habe ich immer mit oberster Priorität behandelt.

AUSBILDUNGSZEUGNISSE UND ZERTIFIKATE

Zeugnisse und Zertifikate, die geforderte Qualifikationen belegen, sind für die schriftliche Bewerbung relevant. Diese Zeugnisse könnten z. B. Universitäts- oder Fachhochschul-Zeugnisse, das Lehrabschluss-Zeugnis, ein Zertifikat für Lohnverrechnungsprüfung, technische Zusatzqualifikationen etc. sein.

Lesen Sie die Ausschreibung genau durch. Wenn das Unternehmen bestimmte Zeugnisse verlangt, fügen Sie diese hinzu. Wenn in der gesamten Anzeige nichts von Zeugnissen steht, können Sie sie bei der (E-Mail-) Bewerbung weglassen bzw. nur das Zeugnis Ihrer höchsten Ausbildung (z. B. Universitätsabschluss) oder einer Befähigung zur Ausübung Ihres Berufes (z. B. Lohnverrechnungszertifikat) anfügen. Bei Online-Formularen gibt es meist vorbeschriftete Uploadfelder. Hier können Sie alles hochladen, der Personalmanager kann darauf zugreifen, wann es ihm beliebt.

Egal, wie Sie schriftlich vorgehen, Sie können Ihre Zeugnisse jederzeit in Papierform (als Kopien) zum Vorstellungsgespräch mitbringen.

Arbeits-/Dienstzeugnisse

Arbeitszeugnissen wird vor allem im deutschsprachigen Raum großer Wert zugemessen, obwohl es verboten ist, Aussagen zu verwenden, die der betreffenden Person schaden könnten. Speziell in Österreich gibt es jedoch einen „Arbeitszeugnis-Code". So werden Phrasen in das Arbeitszeugnis geschrieben, die nicht das meinen, was sie sagen. Diese Aussagen sind positiv formuliert, beinhalten aber versteckte Botschaften für den Leser bzw. andere Unternehmen.

Ein Arbeitszeugnis ist dann als sehr gut anzusehen, wenn hauptsächlich Superlative verwendet werden (vollste Zufriedenheit, stets sehr gut etc.).

Wenn Sie erkennen, dass Ihr Arbeitszeugnis keinen guten Eindruck hinterlässt, können Sie jederzeit bei Ihrem ehemaligen Arbeitgeber ein neues, besseres Zeugnis anfordern.

Diese Aussagen beinhalten negative Botschaften:

„Frau M. hat sich stets bemüht."

Klartext: Bemüht hat sie sich zwar, aber das Ergebnis ist fraglich.

„Bei Projekt XY hat sich Herr S. mit ganzer Kraft eingesetzt…"

Klartext: Herr S. hat sich nur bei dem einen Projekt ins Zeug gelegt.

„Frau L. hat sich im Rahmen ihrer Fähigkeiten eingesetzt…"

Klartext: Der Rahmen war derartig eng, dass nur für wenige Fähigkeiten Platz war.

„Herr B. hat sich stets als integrative, kommunikationsstarke Persönlichkeit ins Team eingebracht."

Klartext: Vor lauter Plaudern ist er kaum mehr zum Arbeiten gekommen.

„Frau A. verfügte über Fachwissen und zeigte großes Selbstvertrauen."

Klartext: Große Klappe, wenig dahinter.

„Herr R. hat die übertragenen Arbeiten ordnungsgemäß erledigt."

Klartext: Ordnungsgemäß schon, aber sonst zeigte er nur wenig Eigeninitiative.

„Frau P. war stets mit Interesse und Begeisterung bei der Sache."

Klartext: Euphorie allein ist kein Erfolgsgarant.

„Herr Z. trug durch seine Geselligkeit zum guten Betriebsklima bei."

Klartext: Er tratscht viel.

„Frau K. setzte sich besonders für die Belange der Belegschaft ein."

Klartext: Eine Mitarbeiterin, die sich nicht alles gefallen lässt.

(Quelle: Arbeiterkammer Österreich)

Obwohl Personalmanager wissen, dass die Aussagekraft eines Dienstzeugnisses oft fraglich ist, kann dennoch das Ein- und Austrittsdatum bestätigt werden. Außerdem werden in Arbeitszeugnissen Ihre ehemaligen Tätigkeiten näher beschrieben.

Referenzen

Referenzen sind bei Personalmanagern mittlerweile beliebter als Arbeitszeugnisse. Referenzpersonen werden manchmal kontaktiert, um nachzufragen, welche Tätigkeiten der Kandidat in seinem ehemaligen Job ausgeübt hat, wie der Umgang mit Kollegen und Kolleginnen, Kunden und Lieferanten war etc. Fragen Sie ehemalige Vorgesetzte, ob Sie sie als Referenzen bei Ihren Bewerbungen anführen dürfen. Machen Sie dies aber nur, wenn Sie wissen, dass der jeweilige Vorgesetzte mit Ihnen auch zufrieden war.

Fügen Sie die Referenzliste am Ende des Lebenslaufes hinzu (Unternehmen, Name der Referenzperson, Rolle im Unternehmen, Telefonnummer) oder direkt in den „beruflichen Werdegang" bei den jeweiligen Unternehmen.

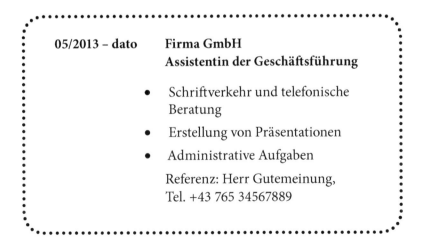

In kreativen Berufen werden Arbeitsproben als Referenzen bezeichnet und sind einer Bewerbung auf jeden Fall beizulegen.

Handschriftliche Dokumente

Manche Unternehmen fordern, zumindest eines der Dokumente der Bewerbungsmappe in eigener Handschrift zu schreiben (meist ein Motivationsschreiben oder das Bewerbungsschreiben). Diese Schriftproben werden dann zu einem Analyseinstitut geschickt und dort ausgewertet. Mit Hilfe der Schriftproben können psychologische Profile erstellt werden – hinlänglich ist dieses Vorgehen als „Graphologie" bekannt.

Diese Methode ist jedoch fragwürdig und nicht wissenschaftlich bestätigt. Wenn das Unternehmen nicht ausdrücklich danach verlangt, rate ich davon ab, ein handschriftliches Dokument beizulegen.

ABSENDEN DER BEWERBUNGSMAPPE

Wenn Sie alle Dokumente erarbeitet und in Form gebracht haben, kommt nun der große Moment des Absendens.

Sie können meist aus der Anzeige selbst herauslesen, auf welchem Weg es dem Unternehmen am liebsten ist, die Bewerbung zu erhalten, sei es per Post, E-Mail, als Online-Bewerbung auf der Unternehmenswebseite oder sonstiges. Halten Sie sich an diese Vorgaben.

Auch wenn Sie nicht jeden Dokumententyp in Ihrer Bewerbung haben, halten Sie generell diese Reihenfolge ein:

1.) *Deckblatt*
2.) *Bewerbungsschreiben/ Anschreiben*
3.) *Lebenslauf*
4.) *Motivationsschreiben*
5.) *Auszug relevanter Projekte, Referenzen*

Online-Bewerbung auf der Unternehmenswebseite

Eine Bewerbung auf dem Online-Portal eines Unternehmens ist zwar meist nicht der einfachste Weg für den Bewerber, jedoch mit wenig Aufwand für die Personalabteilung verbunden – und meist schon der erste Test. Füllen Sie das Formular aus, beantworten Sie alle relevanten Fragen und vergessen Sie nicht, die vorbereiteten Dateien (in kleiner Dateigröße und im Format PDF) anzuhängen. Meist erhalten Sie eine (automatisch generierte) E-Mail nach dem Absenden, in der bestätigt wird, dass Ihre Bewerbung virtuell im Unternehmen angekommen ist.

Bei Online-Formularen sind nicht alle Felder Pflichtfelder, das bedeutet, dass manche Felder leer gelassen werden können. Pflichtfelder sind meist mit einem Sternchen* gekennzeichnet. Füllen Sie diese nicht aus, erhalten Sie beim Absenden eine Fehlermeldung. Bei den Angaben zu Arbeitserfahrung oder Ausbildung bietet sich an, je nach Aufwand, nur das Aktuellste einzufügen, da Sie schließlich Ihren Lebenslauf auch hinzufügen.

ACHTUNG

Manche Programme verfügen nicht über sog. „Inhaltliche Dokumentenerschließung", sprich sie können Schlüsselwörter in den Dateien (also z. B. im PDF- oder MS Word–Dokument) nicht lesen. Wenn ein Personalmanager oder eine Personalmanagerin nach einer bestimmten Qualifikation bzw. nach einem bestimmten Schlüsselwort sucht, könnte es sein, dass Ihre Bewerbung nicht erscheint, wenn Sie das gesuchte Wort nicht im Online-Formular eingetragen haben. Daher der Tipp: Tragen Sie die Schlüsselwörter, die Ihre Qualifikation betreffen, in einem Textfeld ein. Das können Sie in Form einer Liste oder in Textform machen, und es gibt in diesen Formularen Textfelder (z. B.: „Was Sie sonst noch über mich wissen sollten:"), die solche Informationen vorsehen.

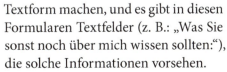

E-Mail-Bewerbung

Wenn Sie ihre Bewerbung per E-Mail versenden, achten Sie auf die Dateigröße der Bewerbung! Die E-Mail sollte eine Dateigröße von vier Megabyte nicht überschreiten.

Verweisen Sie im Mailtext auf die Position oder den Bereich, wofür Sie sich bewerben. Sie können auch einen kurzen Ausblick auf Ihre Qualifikation geben. Orientieren Sie sich da am Kurzprofil, das Sie im Kapitel „In 60 Sekunden begeistern – so überzeugen Sie Ihr Gegenüber mit dem Elevator Pitch" erarbeitet haben. Schicken sie ausschließlich PDF-Dokumente, keine MS Word-Dateien.

Postweg – Bewerbung in Papierform

Fügen Sie Ihrer Bewerbungsmappe ein Deckblatt, das Bewerbungsschreiben, den Lebenslauf und etwaige sonstige Dokumente wie Motivationsschreiben oder Zeugnisse hinzu. Binden Sie diese in ein Mäppchen und senden Sie die Bewerbung in einem A4-Kuvert ab. Achten Sie immer auf den korrekten Unternehmenswortlaut sowie Titel und Namen der Ansprechperson.

Je größer das Unternehmen, desto „kleiner" können Bewerbungsmappen sein – und damit meine ich die Hülle, in die Sie Ihre Unterlagen klemmen. Es reichen einfache Hüllen oder Schnellhefter, Klemm-Schienen etc. Die Bewerbung soll nicht billig aussehen, jedoch wird in großen Unternehmen die Bewerbung aus der Mappe entfernt und separat abgelegt, die Mappen wandern in den Müll. Ich erwähne dies deshalb, weil die „professionellen Mappen" gerade bei mehreren Bewerbungen sehr viel Geld kosten können. Wenn Sie schöne Mappen verwenden wollen, setzen Sie diese gezielt ein, z. B. bei tatsächlichen Jobausschreibungen. Hier ist die Anzahl der Bewerber meist hoch, somit schaffen Sie in diesem Punkt einen haptischen Unterschied.

Wenn Sie sich für einen kreativen Job bewerben, können Sie sich überlegen, ob Ihre Bewerbung in einer physischen Mappe besser ankommen könnte. Dies kann der Fall sein, wenn Sie viele Farbbilder verwenden und sicherstellen wollen, dass diese auch in den „richtigen Farben" ankommen. Auch die Auswahl des Papiers, auf dem die Bewerbung gedruckt ist, kann einen großen Unterschied machen und Ihre Bewerbung edler aussehen lassen.

> Schicken Sie Ihre Bewerbung nur dann in Papierform, wenn dies ausdrücklich erwünscht ist, oder Sie keine andere Adressangabe (E-Mail-Adresse oder Online-Jobformular auf der Webseite) haben. Elektronische Bewerbungen haben immer Vorrang, vor allem in größeren Unternehmen.
>
> Wenn Ihre Bewerbung kreativ gestaltet ist, und das Design mit der Papierform in Verbindung steht (z. B. das Verwenden eines speziellen Papiers oder Formats), sollten Sie die Bewerbung auf jeden Fall per Post senden. Achten Sie dabei darauf, dass diese Form der Bewerbung auch zum ausgeschriebenen Job passt. Das kann z. B. bei Positionen im Marketing oder in sonstigen kreativen Bereichen der Fall sein.

WARTEN AUF ANTWORT ...

Sie haben es geschafft!

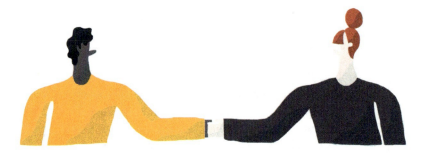

Nun kommt die spannende Zeit des Wartens – nur nicht die Geduld verlieren! Je nach Anzahl der offenen Positionen oder Art des ausgeschriebenen Jobs können Unternehmen sehr viele Bewerbungen erhalten, und das täglich. Je fachspezifischer die Anforderungen werden, desto weniger Bewerber sind zu erwarten, bei Stellen aus gängigeren Bereichen wie Marketing, Sales, allgemeiner Assistenz etc. können auch hunderte Bewerber Ihre Konkurrenz darstellen. Da Personalmanager auch nur Menschen sind, kann es oft lange dauern, bis sie sich hier einen Überblick verschafft haben.

Zudem wird die Besetzung aller offenen Positionen nach Dringlichkeit priorisiert (und andere Stellen somit hintangestellt) und manchmal werden Stellen aufgrund von Personalreduktionen einfach wieder gestrichen und kommen somit nie zur Vergabe oder es kommt zu einer internen Besetzung.

Trotz dieser Umstände erwarten Sie als Bewerber bzw. Bewerberin zu Recht eine zügige Bearbeitung.

Wollen Sie im Unternehmen nachfragen?

Aus Erfahrung kann ich sagen, dass es dem Bewerbungserfolg selbst nicht hilft, wenn Bewerber beim Unternehmen anrufen, um zu fragen, wie denn der Status quo sei. Meist werden Sie den Satz hören, dass Ihre

Bewerbung in Bearbeitung ist, viele Bewerber vorhanden sind, die Stelle evtl. noch ausgeschrieben ist und gewartet wird, bis alle Bewerbungen eingelangt sind etc. Verständlicherweise können Personalmanager nicht immer die Wahrheit sagen, da sie einer Schweigepflicht unterliegen. Stellen Sie sich vor, Ihr derzeitiger Chef ruft dort in Ihrem Namen an, nur um wissen zu wollen, ob Sie sich denn beworben haben. Sie würden in diesem Fall auch das Schweigen des Personalmanagers voraussetzen und froh sein, wenn nur Floskeln folgen …

> Wenn ein Kandidat aufgrund seines Lebenslaufes interessant für das Unternehmen scheint, machen sich Personalmanager oft auf die Suche, ob denn der gewonnene Eindruck auch hält, wenn man in einer Online-Suchmaschine (z. B. Google) den Namen des Kandidaten eingibt.
>
> Testen Sie selbst, suchen Sie nach Ihrem Namen, auch in der *„Bildersuche"*. Nochmal der Hinweis: Sehen Sie zu, dass Ihre Social-Media-Profile aktuell sind.

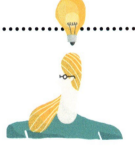

Zusage oder Absage?

Je nach Unternehmen und Manpower in der HR-Abteilung werden Sie im Folgemonat des Absendens der Bewerbung eine Nachricht erhalten. Meist werden Sie angerufen, wenn Sie zu einem persönlichen Interview eingeladen werden. Es kann auch sein, dass Sie direkt am Telefon gleich Fragen zu Gehaltsvorstellung, zur Entfernung zwischen Wohn- und Arbeitsort etc. gestellt bekommen.

Sollte der erste Kontakt gleich zu einem telefonischen Jobinterview führen (was unüblich ist – aber vorkommt) gewährleisten Sie, dass Sie sich ungestört an einem ruhigen Ort befinden. Wenn das im Moment des Anrufs nicht so ist, verweisen Sie mit dieser Begründung auf einen anderen Zeitpunkt.

Schriftliche Nachrichten, seien es E-Mails oder Briefe, enthalten meist schlechte Nachrichten – zumindest für den Moment. Sie können aus den Schreiben in der Regel entnehmen, was mit Ihrer Bewerbung passiert (endgültige Absage oder „Evidenz"/„Wiedervorlage", d. h. Ihr Lebenslauf ist weiterhin gespeichert und wird für künftige passende Jobangebote auch zur Evaluierung herangezogen). Das ist gut, denn wenn ein neuer Job ausgeschrieben wird, suchen geschulte Personalmanager zuerst in den vorhandenen Bewerbungen nach passenden Profilen.

Wenn es aus dem Schreiben nicht hervorgeht und Sie wissen wollen, warum Sie eine Absage erhalten haben, kontaktieren Sie das Unternehmen bzw. den zuständigen Personalmanager. Absagen können am Selbstwertgefühl des Bewerbers kratzen, und oft gibt es ganz banale Gründe für die Absage, die nichts mit dem Bewerber selbst zu tun haben. Manchmal erhalten Sie auch gute Tipps, die Sie bei der nächsten Bewerbung umsetzen können. Also scheuen Sie sich nicht, im Unternehmen nachzufragen.

LISTE JOBBÖRSEN (STAND 08/2018)

DEUTSCHLAND

Allgemeine Jobbörsen

www.monster.de
www.stepstone.de
de.indeed.com
www.kalaydo.de/jobboerse
www.jobpilot.de
www.jobcluster.de
www.stellenanzeigen.de
www.jobs.meinestadt.de
de.linkedin.com/jobs
www.xing.com/jobs
www.jobboerse.arbeitsagentur.de
www.arbeit-regional.de
www.backinjob.de
www.jobs.de
www.jobs3000.net
www.jobsintown.de
www.jobstairs.de
www.jumpforward.de/jobs
www.locanto.de/Jobs
jobs.meinestadt.de/deutschland/stellen
www.rekruter.de/jobsuche
www.stellenanzeigen.de
www.stellen-online.de

Metasuchmaschinen

www.gigajob.de
www.jobswype.at
www.job-consult.com
www.jobjet.de
www.jobkicks.de
at.trovit.com
www.jobkurier.de
www.jobmagazin.de
www.jobmonitor.com
www.jobnet.de
www.jobnetzwerk-50plus.de
www.jobrobot.de

www.jobs.de
www.jobs.renego.de
www.jobscanner.de
www.job-world.de
www.kalaydo.de/jobboerse
www.karriere.de/stellenmarkt

www.kimeta.de
www.simplyhired.de
www.stellenmarkt.de
www.yourfirm.de
www.yovadis.de

Spezialisierte Jobbörsen

www.absolventa.de
Jobbörse für Student*innen und Absolvent*innen

www.berufsstart.de
Jobbörse für Student*innen und Absolvent*innen

www.jobeinstieg.de
Jobbörse für Student*innen und Absolvent*innen

www.jobmensa.de
Jobbörse für Student*innen und Absolvent*innen

www.jobnetzwerk.de
Jobbörse für Student*innen und Absolvent*innen

www.access.de/jobs
Jobbörse für die Bereiche Wirtschaft, Informatik, Ingenieurwesen

www.arbeiten.de
Jobbörse für gewerbliche Stellenangebote

www.bund.de
Jobbörse der Bundesbehörden

www.erfahrung-deutschland.de
Plattform für Experten im Ruhestand

www.fazjob.net
Jobbörse für Fach- und Führungskräfte

www.job-wahl.de
Jobbörse für die IT-Branche; auch Seminare und Tipps

www.jobware.de
Jobbörse für Führungskräfte

www.myhandicap.de
Jobbörse für Menschen mit Behinderungen

www.newsroom.de
Jobbörse für die Bereiche Journalismus, PR

www.timeworkers.de
Jobbörse für Zeitarbeit-Jobs

www.top-jobs.de
Jobbörse für IT, Medien

www.translatorpub.com
Jobbörse für Übersetzer*innen

www.chemie.de/jobs
Jobbörse für Chemiker*innen

stellenmarkt.faz.net
Jobbörse der Frankfurter Allgemeinen Zeitung

www.jobs.sz.de
Jobbörse der Süddeutschen Zeitung

jobs.zeit.de
Jobbörse für die Bereiche Bildung, Forschung, öffentlicher Dienst

ÖSTERREICH

Allgemeine Jobbörsen

www.monster.at
www.stepstone.at
www.karriere.at
www.jobs.at
www.jobpilot.at
www.ams.at/jobroom

www.willhaben.at/jobs
at.linkedin.com/jobs
meinjob.at
www.gigajob.at
www.jobspot.at
www.xing.com/jobs

Metasuchmaschinen

www.alleskralle.com
www.renego.at

www.metajob.at
www.steirerjobs.at

www.jobswype.at
www.jobsmart.at
at.indeed.com

www.finden.at/Jobs
www.locanto.at/Jobs

Spezialisierte Jobbörsen

www.jobwohnen.at
Jobbörse für Student*innen und Absolvent*innen

www.uniport.at
Jobbörse für Student*innen und Absolvent*innen

www.tucareer.com
Jobbörse für Student*innen und Absolvent*innen

www.zbp.at
Jobbörse für Student*innen und Absolvent*innen

www.unijobs.at
Jobbörse für Student*innen und Absolvent*innen

www.derstandard.at/karriere
Jobbörse der Zeitung Standard

www.karriere.salzburg.com
Jobbörse der Salzburger Nachrichten

jobs.karriere.nachrichten.at
Jobbörse für Oberösterreich

www.beste-stellen.at
Jobbörse verschiedener Zeitungen

www.green-jobs.at
Jobbörse für den Bereich Umweltwirtschaft

www.horizontjobs.de
Jobbörse für die Bereiche Werbung, Medien, Marketing

www.life-science.eu
Jobbörse für den Bereich Naturwissenschaft

www.itstellen.at
Jobbörse für den Bereich IT

www.hoteljob-oesterreich.at
Jobbörse für den Bereich Tourismus

www.gastrojobs.com
Gastronomie, Hotel, Tourismus

www.hogastjob.com
Jobbörse für den Bereich Tourismus

www.aap.co.at/akademie/jobboerse.htm
Jobbörse für den Bereich Psychologie

www.academics.at
Wissenschaft & Forschung

www.wegweiser.ac.at
Absolvent*innen

www.techtalents.at
Jobbörse für den Bereich Technik

www.financejobs.at
Jobbörse für den Bereich Finanz

www.salescareer.at
Jobbörse für den Bereich Verkauf/Sales

www.hotelcareer.de
Jobbörse für den Bereich Tourismus

www.jobvector.de
Jobbörse für die Bereiche Naturwissenschaft, Medizin, Informatik, Ingenieurwesen

www.experteer.at
Jobbörse für Führungskräfte und hochbezahlte Spezialisten

www.jobabc.at
Jobbörse für regionale Jobs

www.frauundkarriere.com
Informationen und Jobbörse für Frauen

www.jobboerse.gv.at
Jobbörse der Republik Österreich

SCHWEIZ

Allgemeine Jobbörsen

www.jobs.ch
www.careerjet.ch
ch.linkedin.com/jobs
www.neuvoo.ch
www.jobagent.ch
www.100000jobs.ch
ch.jobrapido.com
www.jobisjob.ch
de-ch.gigajob.com
www.jobseek.ch
www.mapmeo.com

www.stellenanzeiger.ch
www.markenjobs.ch
jobwinner.ch
www.indeed.ch
www.jobscout24.ch
www.jobsahoo.ch
www.jobkralle.ch
www.markenjobs.ch
www.workpool-jobs.ch
www.offene-stellen.ch

Spezialisierte Jobbörsen

www.teilzeitkarriere.ch
Jobbörse für Teilzeit- bzw. temporäre Jobs

www.mini-jobs.ch
Jobbörse für Teilzeit- bzw. temporäre Jobs

www.nebenjob.ch
Jobbörse für Teilzeit- bzw. temporäre Jobs

www.treffpunkt-arbeit.ch
Jobbörse der Schweizerischen Arbeitsmarktbehörde

www.hotelcareer.ch
Jobbörse für Hotellerie, Gastronomie, Touristik

www.hoteljob-schweiz.de
Jobbörse für Hotellerie, Gastronomie, Touristik

www.luzern-hotels.ch
Jobbörse für Hotellerie, Gastronomie, Touristik in Luzern

www.hoteljob.ch/de
Jobbörse für Hotellerie, Gastronomie, Touristik

www.yousty.ch
Jobbörse für Lehrstellen

www.lehrstellenboerse.ch
Jobbörse für Lehrstellen

www.efinancialcareers.ch
Jobbörse für Banking, Finance, Accounting und Versicherung

jobfitness.ch
Jobbörse für Wellness, Fitness

ingjobs.ch/de
Jobbörse für Ingenieur-Fachkräfte

kundenberater-jobs.ch
Jobbörse für Kundenberater*innen

kv-stelle.ch
Jobbörse für kaufmännische Berufe

topjobs.ch/de
Jobbörse für Fach- und Führungskräfte

alpha.ch/de
Jobbörse für Fach- und Führungskräfte

www.semestra.ch/de
Jobbörse für Studenten, Absolventen

pflege-berufe.ch
Jobbörse für Pflegeberufe

jobstarter.ch
Jobbörse für Berufseinsteiger

math-jobs.com
Jobbörse für Mathematiker

detailhandels-jobs.ch
Jobbörse für Detailhandel

jobs4sales.ch/de
Jobbörse für Verkauf

www.medicjobs.ch
Jobbörse für Gesundheitswesen

www.sozialberufe.ch
Jobbörse für Soziales

elektromonteur-job.ch/
Jobbörse für Elektromonteure

software-job.ch
Jobbörse für Software-Jobs

jobs.nzz.ch
Jobbörse der Zeitung Neue Zürcher Zeitung

www.agrarjobs.ch
Stellenportal der Schweizer Landwirtschaft, Bauern-Zeitung

www.ostjob.ch
Jobs in der Region Ostschweiz

www.gemeindestellen.ch
Gemeindejobs

www.zentraljob.ch
Jobs in der Region Zentralschweiz

www.jobs-zentralschweiz.ch
Jobs in der Region Zentralschweiz

www.carriera.ch
Jobs in der Region Tessin

www.jobup.ch
Jobs in der Region Romandie

INTERNATIONAL

www.ess-europe.de/jobs
Arbeiten im Ausland

www.jobmonitor.com

www.top-jobs-europe.de/jobs

www.studentjob.at
Internationale Studentenjobs

neuvoo.at

www.careeronestop.org/JobSearch
Jobs in den USA

ec.europa.eu/eures
Europäisches Jobnetzwerk

SONSTIGES

www.secretsites.de/joblog
Blog zum Thema Karriere

www.staufenbiel.de
Karrierecommunity; MBA-Tipps; Companyreports

www.trainee-gefluester.de
Blog mit Infos rund um Trainee-Programme

www.absolventen.at
Tipps für Absolvent*innen

www.academics.de
Bereiche Wissenschaft und Forschung

www.jobcenter.at

www.whatchadoo.com

www.ams.at/nuetzliche-links
Jobbörsen und Personaldienstleister in Österreich

INDEX

Symbols
360-Grad-Feedback *21*

A
AIDA *47*
Anschreiben *75, 90, 101*
Anzeige *114*
Arbeitsamt *65*
Arbeitserfahrung *120*
Arbeitszeugnis *137*
Ausbildung *97, 126*
Ausbildungszeugnis *137*
Auslandsaufenthalte *133*

B
Begabungen *35*
Berufserfahrung *125*
Betreff *105*
Bewerbungsmappe *62, 75*
Bewerbungsschreiben *90, 101, 108, 115*
Bewerbungsvideo *71*
Blindbewerbung *74*

C
Call-To-Action *85*
Cover Letter *90*

D
Design *92*
Dienstzeugnisse *137*
DIN 5008 *102*

E
EDV-Kenntnisse *132*
Elevator Pitch *46, 71*
E-Mail *142*
Entwicklungsfelder *32*
Entwicklungspotenziale *21*
Europäischer Referenzrahmen *129*

F
Fachliche Kompetenzen *27*
Fachzeitschriften *68*
Fähigkeiten *40, 129*
Feedback *21*
Foto *83, 116*
Fremdbild *21*

G
Geburtsdatum *117*
Gehaltswunsch *111*

H
Handschrift *140*
Headhunter *63*
Hobby *133*

I
Initiativbewerbung *74*
Inserat *114*
IT-Kenntnisse *132*

J
Jobbörsen *65, 67*
Jobsuche *53, 62, 87*
Jobtitel *128*

K

Kenntnisse 129
Keywords 85
Kompetenzen 14, 24, 27, 98

L

Lebenslauf 116
LinkedIn 77, 81
Lücken im Lebenslauf 121

M

Marke ICH 14
Messen 70
Methodische Kompetenzen 27
Motivation 136
Motivationsschreiben 39, 75, 135

N

Nationalität 117
Netiquette 77
Netzwerk 69, 80

O

Online-Bewerbung 140
Online-Jobbörsen 66
Ort/Datumsangaben 106

P

Papierform 142
Personaldienstleister 63
Persönliche Kompetenzen 27
Persönlichkeitsmerkmale 23
Praktikum 61, 69
Profilerstellung 80
Projekterfahrung 134

R

Rahmenbedingungen 14, 60
Referenzen 139

S

Schriftarten 92
Schwächen 32
Selbstbild 21
SMART 19
Social Media 60, 77, 132
Soft Skills 27, 129, 132
Softwarekenntnisse 132
Soziale Kompetenzen 27
Sprachkenntnisse 129
Stärken 27, 40

T

Tageszeitungen 68
Trainee 69

V

Veränderung 15
Video 72

W

Weiterbildung 126
Werdegang 86, 120
Who am I 40

X

XING 77, 81

Z

Zeitarbeitsfirmen 63
Zeugnisse 137
Ziele 19